厦门

旅行邂逅文艺范儿

《旅游圣经》编辑部 策划 小爱 著

北京出版集团公司
北京美术摄影出版社

图书在版编目（CIP）数据

旅行邂逅文艺范儿. 厦门 / 小爱著. — 北京 ： 北京美术摄影出版社，2017.7
ISBN 978-7-80501-995-6

Ⅰ. ①旅… Ⅱ. ①小… Ⅲ. ①旅游指南—厦门 Ⅳ. ①K928.9

中国版本图书馆CIP数据核字(2017)第022668号

责任编辑：董维东
特约编辑：王　华
助理编辑：张立红
责任印制：彭军芳

旅行邂逅文艺范儿　厦门
LÜXING XIEHOU WENYI FANR　XIAMEN
《旅游圣经》编辑部　策划　小爱　著

出　版	北京出版集团公司
	北京美术摄影出版社
地　址	北京北三环中路6号
邮　编	100120
网　址	www.bph.com.cn
总发行	北京出版集团公司
发　行	京版北美（北京）文化艺术传媒有限公司
经　销	新华书店
印　刷	北京方嘉彩色印刷有限责任公司
版印次	2017年7月第1版第1次印刷
开　本	700毫米×1000毫米　1/16
印　张	19.25
字　数	216千字
书　号	ISBN 978-7-80501-995-6
定　价	69.00元

如有印装质量问题，由本社负责调换

质量监督电话　010-58572393

序
PREFACE

　　多年前的一天，突然想去看看那座传说中被文艺女神祝福过的小城市。于是当天从广州坐大巴出发，在黑夜里到达厦门。那年的曾厝垵，还是一个缥缈浪漫的美梦。古老而安详的小渔村，保留着传统的生活节奏，舒缓而悠然，其中星星点点地装饰着几家创意小店和咖啡馆。一切刚刚好，那份文艺是时光与生活赋予的，丝毫不刻意不做作，像是不施粉黛的渔村少女，有着阳光晒出来的小麦色皮肤。

　　我曾坐在大榕树下乘凉，看对面的神庙宁静而素朴，渔民三三两两在神庙外的空地上闲坐，聊聊家长里短。这般岁月静好的画面，仿佛只应是记忆深处依稀的过往，却不想在眼前重现。在阿婆那里买一碗地道的沙茶面，在小卖部的大叔那里要一杯冰凉的绿豆汤，在灿烂的阳光下闯进一家开着冷气的咖啡馆，这便是六月的曾厝垵最文艺的快乐。

　　不得不承认，时光带走了厦门往昔独一无二的那份文艺气质，曾厝垵与鼓浪屿，大抵难以回到当年的模样。幸而岁月改变了一些东西，总会补偿给我们新的快乐。如今的厦门，它的文艺不再是赤着脚穿着长裙在海边散步，而是更加内敛地收藏在生活态度与细节当中。

　　沙坡尾的每一家咖啡馆都藏着一片独有的小天地，在厦门度假的日子，无论如何都值得把好几天的时间留给沙坡尾。把这本书当作寻宝地图吧，一家一家地找过去，品尝舌尖上的厦门，在每个地方，留下专门属于自己的美妙回忆。

华新路或许是厦门最美的街道，一栋栋老别墅沉淀和酝酿出历史感的沧桑，不言不语中记录下厦门灵魂中的文艺气息——这是时光带不走的珍贵底蕴。红砖墙和爬满墙头的三角梅是华新路最常见的街景，推开门进去，原来古老的建筑里藏着唯美的书店和清新的咖啡馆。

厦门的书店是旅途中绝对不能错过的地方，它们并没有大城市的文艺书店那般精致，而是保留着几十年前老书店的腔调和做派，也恰恰如此，有着不可复制的魅力与情结。走进荒岛图书馆，就如同走回到20年前的时光里，是我们童年时书店的模样。我们的容颜已老，而书店永恒。

厦门很小，但咖啡馆很多；海鲜不好吃，但鸭粥美味；游客区很吵，但老街道安静；赵小姐并不仅仅卖馅饼，在鼓浪屿上，她还有一家英式红茶书馆……如今的厦门，就是这么有趣，它有很多美好的记忆已逝去，却又有很多全新的记忆在开启。厦门的文艺不再仅仅停留在碧海蓝天上，而是渗透进入一砖一墙、一家店、一本书、一杯咖啡、一段等公车的时光。

这本书是关于厦门的文艺记忆碎片，在不同的时空截面里记录关于这座南方小城的文艺细节，愿它最终在每一个读者的脑海里，构建出一幅立体的、生动的厦门文艺地图。

小 爱

目录
CONTENTS

鼓浪屿三丘田码头区
琴岛上的最美时光 /179

沙坡尾
厦大的新浪漫主义街区 /141

鼓浪屿历史建筑区

敲响岁月的古老编钟 /199

鼓浪屿半山区

最浪漫的迷宫 /243

鼓浪屿内厝澳码头区

天际下的碧海银沙 /273

后记 /293

曾厝垵

海风中的文艺气质

多年前的曾厝垵，曾是我对厦门最美的记忆。一个临海的小渔村，村里种满了大榕树，碎石子铺陈的小路，一直延伸至远方。村里的咖啡馆只有几家，却那么自然地将精致的文艺气质与淳朴的乡村风情融合在一起，像是多年前的普罗旺斯。

这一次再来曾厝垵，我几乎已认不出它的模样，数不清的客栈与店铺，潮水般的游人。过去几家知名的老店有些还在坚持，有些已搬离，有些许的惆怅，感叹岁月如流水。不过今日的曾厝垵，也有它另一种别样的风情在，如同大理的双廊，将所有的文化魅力都收藏在屋檐下。

偶尔闯入一个小院子，误以为是民居，却不想是咖啡馆；走入一栋金碧辉煌的别墅，还以为到了古时的欧洲，却可以站在窗台上看楼下的渔民卖杧果；卖现煮奶茶的店家越来越多，因为福建有最好的正山小种红茶……这样的曾厝垵，需要你一家一家去探访，也会收获意料之外的讶异。

微原宿
——繁华中浮生若梦

在微原宿的简介里，引用了设计大师原研哉的一段话：『白在这个现实世界中是永远无法被明确的，我们可能感觉自己接触到了白，但那只是一种幻觉，它只是一道痕迹，一个指向本源的标志而已。』或许没有更好的一段话能够诠释微原宿在整个曾厝垵里的意义了，它是最好的，好得那么不真实。

在一片喧闹的繁华俗世中，偏偏营造出这样一个幻觉般的所在——今夜睡去，月明人静；明朝离别，云淡风轻。每一个无心而至的过客，最终都成为这里的归人。

◆ **客栈特色**

◆ 曾厝垵里设施最好的房间，没有之一
◆ 卫生条件优质，空间里有淡淡的茶香
◆ 家常却精致的早餐

梦里不知身是客

假日里的曾厝垵，人群如潮涌，各种叫卖声与喧闹声不绝于耳。我站在曾氏祠堂外给微原宿的前台打电话，询问详细地址。电话里的声音温柔而清晰，三言两语我便领悟了她的意思，几分钟后找到了客栈的大门。

真是一个奇妙的所在，从繁华热闹的街道里略一转弯，十几米的距离却隔绝出另一个世界——所有的人声鼎沸仿佛在刹那间被点了静音，连浮躁的空气也变得舒缓下来。

客栈的外观并没有多么特别，只在雪白的墙柱上挂着一块灰黑色的牌子，上面是极简主义风格的中英文字体"Vi-Hotel微原宿"。推门而入，小小的院子静悄悄的，有种"小径无人绿幽深"的意境。院子里的植物长得很茂盛，看得出主人用心的打理。推开另一道玻璃门，绕过石磨青竹流水的玄关景观，客栈的大堂才真正呈现眼前。这种设计理念来自传统中国文化里"藏"的意味，给人寻寻觅觅、意蕴深远的体会。

大厅里的茶桌是主人的朋友亲手制作

1 | 2 | 3
1. 大厅设计运用了许多中国风的元素　　2. 几支百合，满室芬芳
3. 免费配送的早餐，家常却精致

　　柜台里微笑的女子一身干练的气质，清爽、利落，在古典情调蔓延的微原宿大堂里，如同一枝雅致的马蹄莲。然而她还并不是这里的女主人，女主人Vi正开车堵在路上，我放下行李，带着闲情逸致仔细打量起微原宿的大堂来。

　　素色石板、原木隔断屏风、一丛芦苇、石磨与流水，满室香水百合的芬芳，微原宿的大堂已俨然一处精致的中式景观，弥漫着绵长悠然的气息，谁还记得这里是曾厝垵？这原本是过往依稀的旧梦，却不经意间身处其中，那种恍惚与缠绵，是席慕蓉笔下的唐时风、宋时雨，怎会出现在此时与当下，惹人无端贪欢，或许只因"梦里不知身是客"。

红尘俗世梦一场

　　Vi是个极特别的女子，若真要谈起她来，想必得洋洋洒洒几千字。可是Vi不喜欢这种事务，没有人比我更懂得天蝎座女子的低调与沉默，自然顺从她意，少着笔墨。

　　Vi泡了壶清茶，坐在大厅古朴的茶桌旁，与我对饮。"桌面花了些力气，从远方运过来，"她向我介绍这张茶桌，"桌脚是一个设计师朋友的杰作。"

　　"你很用心。"我感受得到她的想法。

　　Vi的眼神很明亮，"所有人都不理解我为何花那么多心思，只有我自己知道"。

　　是的，微原宿在曾厝垵里是个异类。曾厝垵本是个小渔村，村子里大部分的民宅由于旅游业的发展得以改头换面，但从没有一栋民宅被改得如此彻底。"我几乎拆掉了整栋房子，"Vi笑了，"房东太太吓得跑过来监工。"但是Vi的气场让房东太太放心而

归，谁都看得出来这个女子有多大的决心。

她花了很多钱给这栋五层高的小楼装上了电梯，太多人不解。"你何必大费周章？" Vi的眼神回答了一切，她要实现一种极致与完美，至少是她心中想要的那种状态。这样一个细节，展现出这位女主人灵魂里顽强的生命力，她对这个世界有一份坚韧与倔强的情怀。

然而，她绝不是鲁莽与执着的。"我梦想中完美的客栈是真正的中国古典设计，但是我知道，如果主人自己的文化底蕴与专业知识不足以支撑，以外行的素质任性为之，那是会贻笑大方的。"多可爱的女子，她把自己看得透彻，把俗世看得分明。

主人的境界决定了客栈的气质，微原宿在繁华的曾厝垵里有一种不合群的清冷，高出大部分客栈一头的价格在无声中拉远彼此的距离，隔离出属于某一类人的私有世界，这或许正是Vi满意的状态。

"谈笑有鸿儒，往来无白丁。可以调素琴，阅金经。无丝竹之乱耳，无案牍之劳形。"微原宿在热闹的曾厝垵市井小巷里打造出这样一片小小的净土，本身就成了一道意境深远的风景。

早餐中的生活智慧

曾厝垵里其他客栈的老板是这样评价微原宿的："不能说将来一定不会出现超越微原宿的客栈，可是，在这片区域内做到极致大致也便如此了。"

微原宿的房间以原木色为基调，玄关处有精致的衣架与鞋柜，卫生间干湿分区，有

1 | 2　　1. 宽敞舒适的卫生间，曾厝垵里数一数二的环境　　2. 房间很宽敞，许多细节上呈现设计美

质量上乘的浴缸。房间面积十分宽敞，在寸土寸金的曾厝垵里极为难得，使人踏入房间那一刻便感受得到放松与惬意。如今的曾厝垵虽然繁华热闹，但过于喧嚣也让人身心紧张，太需要有这样一处所在放下疲惫、洗去尘埃。站在房间里的大落地窗前，能够看到小巷里的市井画卷，小贩们卖力地吆喝、旅人兴奋的神情、阳光投下斑驳的影子……这一切都被隔离在一块玻璃的外面，而里面的一切，仿佛遗世而独立。

大床的一侧有一张宽大的单人沙发，足以将整个人蜷缩其中。沙发背后是高度正合适的落地灯，傍晚时分，在落日的余晖中坐在沙发上看书，偶尔抬头看一眼窗外炊烟袅袅的人家，在高山流水的情怀与人间烟火的幸福中自在往返，是旅途中一件惬意的趣事。

微原宿的早餐总是被客人们津津乐道，简朴的清粥小菜，做得精致而贴心，让旅行中腻坏的肠胃感到舒服和温暖。有位大企业高管，每次出差到厦门时总是住在微原宿，而放弃住惯了的五星级酒店，原因正在这一份朴质的早餐中。"微原宿有五星级的房间，却保留着家的素雅与温暖。"他这样对Vi说。

这句话，真是对微原宿最准确的诠释。一份早餐中透露出的素朴与低调的智慧，才能触碰到长久漂泊在外的旅人们心中最柔软的感动。

📍 客栈资讯

地　　址：厦门市思明区环岛南路曾厝垵65号

电　　话：0592-2191855

预订方式：网络/电话

房间价格：400～900元（旺季价格有浮动）

双子墅皇家度假庄园
——海边的盗梦空间

在以小清新为主旋律的曾厝垵里，双子墅的设计风格别具一格，它那么不接地气，那么不刻意低调，那么不在乎众人的眼光。

它肆意张扬着，弥漫着华贵与奢靡的浮夸。这在如今，仿佛必然是会被归为异类的。在人人追逐自然与素朴、向往绿色与文艺的时代，这一片浓郁的沉重的金色，像另类的旗杆矗立在闽南渔村曾厝垵中。然而当你真正近距离感触它时，才会发现，原来这一片灿烂浮华的金色深处，还藏着最纯真的粉红。

◆ 客栈特色

◆ 设计特色极度鲜明
◆ 性价比较高
◆ 空旷悠闲的天台
◆ 细心地准备了护发素和洗衣液

17世纪的欧洲梦

双子墅就在微原宿隔壁，却是迥然不同的风格与天地。

并不太大的前厅，踏进去后满眼的金色与象牙白，让人从市井气息的曾厝垵小巷中，仿佛突然跨步到了欧洲文艺复兴后期的时代。花纹繁复的壁炉、宫廷生活油画、壮观的水晶吊灯、天花上宗教色彩浓郁的壁画……这些元素的堆砌打造出那么不真实的巴洛克风格的世界，让人恍若梦中。

巴洛克风格的室内设计在民宿风格中并不常见，我最初的印象是，"这是一件出力不讨好的事情"。地道的巴洛克风格曾经是为教会服务的，背后有着平凡人难以想象的巨大权力和财富作为支撑，才能勾画出那种浓郁的浮华与激情，那种奢华与浪漫。对于普通商人而言，即便倾其所有，要想还原17世纪的那场盛世旧梦，都是不可行的。

然而，双子墅的主人是极度聪明的，他自然知道自己不可能有足够财力去呈现货真价实的巴洛克风格——这对于民宿客栈而言，像是天方夜谭。可是他在一些重要的外在细节

不得不说，这样的设计颇有些气势

上做足了功课，以一种并不太透彻的方式，尽力带给旅人一场浪漫的欧洲古典梦。

双子墅大厅的上方有一排椭圆形的图案设计，这是正统巴洛克风格的一个标志，以灵活生动的几何图形突破古典及文艺复兴的端庄和严谨，渲染层次丰富的动感。

我告诉双子墅的主人阿平，我注意到了这些细节，但我依然不解："你为什么要花那么多力气来做一件不可能完美的事情？"

阿平轻笑："旅行的意义在于体验与现实迥然不同的人生，我就是要让客人体验一场不切实际的好梦。"

现实世界中的童话

阿平是80后，读法律的他毕业后并没有从事相关工作，而是在深圳的家乐福和沃尔玛工作多年。在曾厝垵开客栈，可算是他人生第一次创业，却成功得令人措手不及。短短两年多时间，阿平在曾厝垵已经拥有了六家客栈，第七家也很快便要开业。

阿平的客栈入住率出奇的高，旺季时在网上常常一房难求，很受年轻人的喜爱。他了解客人们的想法，了解市场的大格局。"这和你在超市工作的经验有很大关系吧？对市场营销极度敏感。"我猜测。阿平有些羞涩地笑了："或许是。"

天台上的风景清净自在

　　与许多精品客栈相比，阿平的客栈并不算出众，但是他有独辟蹊径的经营理念。阿平的多家客栈都有一个共同的特点：古典欧洲童话情结。粉色的城堡、浮华的宫廷、浪漫的骑士、地中海的绮梦、缥缈的贵族、故事里的伯爵……当这些仿佛从《格林童话》中走出来的元素呈现在眼前时，很难有人不被它们打动，就像是掉进兔子洞的爱丽丝，亦真亦假的梦幻情结被完全打开，情不自禁沉迷在主人用心打造出来的欧洲古典梦境中。

　　阿平说得对，每个旅人，潜意识中难道不都是为了逃离无趣的现实才有了远走异国他乡的冲动？旅行本就是一场不真实的梦境，是人们的精神逃离。我们无法穿越这物质世界的时空，唯有用旅行，暂时忘却生命中的种种无可奈何，假想在路上时，我们是完全自由的。

　　双子墅的巴洛克迷幻色彩，编织出这样的画面：你和我穿起17世纪烦琐而隆重的宫廷服装，穿梭在金碧辉煌的城堡走廊里，阳光照在室外的玫瑰园中，黑衣白裙的女仆们准备好当日的甜点与红茶，悠闲的贵族太太、小姐们聊着民间的轶事，英俊的骑士穿着笔挺的制服与含着烟斗的伯爵商议着宫廷里的政务……

　　这样的情节离我们太远，却恰恰成为某种幻想的期冀，而这，正是双子墅用来打动旅人的秘密。

欧洲宫廷风里意外出现的中式茶具

粉色与白色营造出的童话世界

1 | 2 | 3　　1. 天花上的欧式壁画风　　2. 很多细节上看得出主人打造风格时的用心
　　　　　3. 准备了品牌洗发水、护发素和沐浴露，并且是唯一一家提供洗衣液的客栈

不必奢华，用心便好

若是被双子墅气势壮观的外部设计迷惑，误以为推开房间门看到的会是同样一片金光闪耀便错了。阿平的客栈房间总是供不应求的一个重要原因在于极高的性价比，它提供的是年轻人都能接受的价格。阿平坚持的一个理念是，实际上的住宿体验一定要好过价格带给客人的期待感。因此，双子墅的房间内部并没有延续昂贵的巴洛克风，而是巧妙地保留了欧式与梦幻的元素，转化为甜蜜温馨的小清新风格。

房间并不算太宽敞，但浅粉、深粉、桃红、深蓝、象牙白的色彩交织，配上欧式梳妆台和小碎花纸巾盒，营造出浪漫的公主情结。严格说起来，走性价比路线的双子墅在硬件设施上必然有它的不足，但是在一些细节上却能感受到主人竭尽所能的贴心服务。房间里的小冰箱中提供了免费的矿泉水和咖啡茶包，洗漱用品上准备了许多大酒店都疏忽的护发素，尤其是一瓶小小的手洗洗衣液，更体现了主人的细腻。

双子墅有一个宽敞的天台，天气好时一定要去坐一坐。虽然草地是假的，座椅也未必多高级，但是远处吹来的海风是真实的，洒在身上的阳光是温暖的，抬头便拥有整片蓝天。一眼望去，四周是曾厝垵的热闹背景，各种民宅的建筑将人拉回小渔村的世界，然而倘若在寂静无人的午后坐在白色的椅子上闭起双眼，仔细体会主人的用心，恍惚间，这片宁静的天台仿佛真的变成古时欧洲宫廷里的玫瑰园，呼吸的空气中也会有甜蜜的气息。

📍 客栈资讯 ─────────────

地　　址：厦门市思明区曾厝垵98号
电　　话：18060975297
预订方式：网络/电话
房间价格：200～400元（旺季价格有浮动）

喜堂小愿

——似是故人归

刚到曾厝垵的头两天，我被村子里错综复杂、交错相通的小巷搞昏了头，拿着手绘地图也没有多大作用，因为曾厝垵的门牌号完全不按常理出牌。好在我很快找到了规律——喜堂小愿就像这迷宫中的一个中心枢纽，只要记住了它周围四个方向的小路通向何处，便基本摸清了整个曾厝垵的地图。

于是在曾厝垵的一个星期的时间里，我在喜堂小愿的围墙外来来回回路过了无数次，却一直忍住把它留到了最后一天，以作为告别这个文艺渔村的完美谢幕。

◆ **客栈特色**

◆ 床上用品上乘，保证了舒服的睡眠
◆ 复古气息浓郁的餐厅
◆ 大眼哥的好厨艺

与君初相识

一个晴朗的清晨，当我漫无目的地在曾厝垵的小巷子里悠闲穿梭时，情不自禁被眼前的一片红砖墙所吸引。青石红砖，一排绿油油的植物环绕一圈，一扇并不起眼的小门挡住些许的视线，锁住整个院子的风华。看上去似乎不过是大一点的普通民宅，可是一切又显得那么与众不同，早晨的阳光洒在屋顶上，弥漫出古典却又清新的气息。

当我走近仔细看墙上的大字，"寄放时光，留守天真"，呵，明白了，原来是它。喜堂小愿是我在曾厝垵的最后一站，冥冥之中书写了一段特别的记忆。我提着行李走进喜堂小愿的那一天，厦门下起了雨，细细密密，绵绵不断，院子里的植物被雨水冲刷后显得格外鲜绿，那些粗糙的石槽与古朴的老木构建的花台露出更本质的面目，原生态的自然气息扑面而来。

喜堂小愿的院子和餐厅的布局都像是原汁原味的农家小院，然而又从中清新脱俗地抽象出文艺的气质来，那些老旧的家什经过巧妙的布置后，仿佛全都成了记载岁月痕迹的艺术品，如同在平凡生活中提炼出的精致的人生截图。

1. 复式的设计，床垫在楼上　　2. 花园虽小，却别有情致
3. 院子里的植物都是大眼哥在照顾

大眼哥是位腼腆的广东人，他是那种让人自然而然产生亲切感的老好人，我本想同他说白话，结果他不好意思地一笑，"我都习惯了这边的生活了"。他不善言辞，却心灵手巧，很快端出的铁观音手工冰激凌便是他做的当家甜品。你夸奖他，他也只是憨厚地笑，仿佛彼此熟稔到无须更多的言语，于是我想到了院子门口的那句话，"与君初相识，似是故人归"。

双喜的小堂

双喜是个很有趣的90后女孩，爽朗、直率，说话语速快却清晰。她和大眼哥配合起来管理喜堂小愿是再合适不过的。双喜告诉我，大眼哥虽然不太擅长交际，却是照顾植物的好手，院子里和天台上那数不清的植物都靠他一人悉心照料。她说，大眼哥是一个能听得懂植物语言的人。我回答她，我懂。我知道这个世界上有一类人，他们眼中的天地更奇妙，他们听得到大自然的声音，看得到时间的影像。因为，他们有一颗热爱生活的心，于是远比周围麻木在岁月里的人群更敏感，更能触摸生命的真相。

喜堂小愿的餐厅是对外营业的，但是来的客人不算多，因为游人常常分不清这里究竟是参观的景点还是什么其他，总是匆匆逛了一圈便离去。然而这真是便宜了住店的客人，他们拥有了一个安静、古典、设计氛围浓郁的私家餐厅。

| 1 | 2 | 3 |
| | | 4 |

1. 在有限的面积内设计出宽敞明净的卫生间　　2. 简约却清新的情调

　　与其说是餐厅，不如说更像一个展览馆，里面是特意淘回来的各种旧物，经过精心处理，布置成日常生活化的场景，像是活过来的老照片，将几十年前的岁月画卷在人们面前一一打开。印象最深的是一张桌子，桌面就是一个石槽，里面堆满了白色的石子，桌角是四块青砖堆砌，简朴得像是回到石器时代。然而只需在这张石桌边搭配两张橘红色的皮质沙发，整体的设计感顿时变成了现代主义风潮，可见其别具匠心。

　　我很憧憬大眼哥的厨艺，于是特意早早赶回喜堂小愿吃晚饭，点了招牌的茶泡饭。茶泡饭是以简洁与清淡著称的传统日式料理，有次在大理的"秋日便当"里吃到的紫苏梅子茶泡饭让我至今记忆犹新。当大眼哥端上他亲手制作的茶泡饭时，打破了我对茶泡饭一贯的亲民印象——原来茶泡饭也可以做出高级料理的感觉。

　　大眼哥的茶泡饭是现场从茶壶里倒出特制的闽南茶加入米饭中，而非在厨房里泡好端上来。大眼哥告诉我，米饭上方的海苔用了四种香料来炒，海苔上还有新鲜的杧果粒。另外搭配的三份小菜极为精致，台式香肠的香甜、脆藕的微酸和黄瓜的清脆融合出奇妙的味觉。这种种细节让茶泡饭拥有了另一种气质，或许这是独属于闽南，独属于喜堂小愿的。

却话闽南夜雨时

　　喜堂小愿的房间里没有提供免费的矿泉水，但是准备了一台很方便的自动烧水壶，大眼哥会耐心地教客人怎样使用。喜堂小愿的房间面积很小，双喜告诉我那是因为房东不同意改变格局，但好在天花很高，于是巧妙地改造成复式格局，一下子空间便舒展开来。

　　在这样小小的空间里，设计师居然毫不费力地放进了一个木质衣柜——这在一些大

3. 大眼哥的拿手好菜——茶泡饭　　4. 大眼哥手工制作的铁观音冰激凌是招牌甜品

面积的客房里都很少见，在窗边摆放了足够喝茶聊天使用的木质桌椅，并且卫生间的面积很宽敞。不得不说，喜堂小愿的住宿体验是十分舒适的，这得益于设计师的精妙构思。

　　我去的那天，双喜出门参加某个咖啡研究会，回来时天色已晚，然而我们依旧兴致勃勃地泡了一壶普洱，坐在茶室里聊到后半夜。院子里的雨淅淅沥沥地下着，四周的声音完全寂静下来，偶尔传来几声虫鸣。我早已忘记自己身在何处，今夕又是何夕，恍惚间这本是古时的一个农家院落，雨夜叨扰，却遇到好客的主人，煮茶焚香，秉烛夜谈，聊尽天下事。

　　情不自禁打了个哈欠，才惊觉夜已深。双喜嘱咐我赶紧休息，并自信地告诉我，喜堂小愿的床垫和床上用品一定能让我满意。事实证明，她说得太对，喜堂小愿使用的昂贵的床垫和名牌床上用品真的让人一夜好梦，以至于次日起床时恋恋不舍。真应了古人的话，"好梦由来最易醒"。

📍 客栈资讯

地　　址：厦门市思明区环岛南路曾厝垵268-269号

电　　话：13358391805

预订方式：网络/电话

房间价格：200~600元（旺季价格有浮动）

曾山一号
——艺舍喧嚣外的那抹侘寂

多年前来到曾厝垵时，这里还是一个宁静中散发出几分寂寥文艺气息的古朴小渔村。如今再来，物是人非。值得庆幸的是，沿着小路往曾山方向走一段，渐渐感觉到，原本属于曾厝垵的那份清净与恬淡的闽南渔村风情又回来了。

山脚下的风景在冬日里有些瑟瑟，曾山一号艺舍仿若一抹不真实的油彩，在青石与绿树中静静矗立。那一大片素净的白色洗刷掉了从曾厝垵带出来的喧嚣，伸个懒腰——这里才是度假的好去处。

◆ 客栈特色

◆ 极具风格的酒店造型
◆ 带有花园平台的房间
◆ 日本侘寂设计风格的庭院
◆ 为小孩子准备了游戏用的沙池

山脚下寂静的白色

曾山站和曾厝垵之间是一个公交站的距离，若是寻得着村子里的小路，便可沿着一条逐渐由繁华变为寂静的巷子往曾山方向步行，几百米的距离，足以让人远离喧嚣。走出村子那一刻，有豁然开朗之感，原本狭窄的巷子尽头，是一条宽敞、安静，通向远山的大道。远山之下，巨大的山石矗立，植物郁郁葱葱长了大片，一栋优雅的白色建筑物赫然其中。

曾山一号的女主人小颜原本是眼镜设计师，拥有自己的独立品牌。艺术无界限，天赋过人的她对于室内设计无师自通，曾山一号已是她的第三个作品。

作品的立意很明确——青石绿树的自然风情中，以白墙褐瓦书写一首现代主义的建筑诗歌。

山风徐徐吹来的天台

虚空、极致与无声的美学

建筑格局决定了曾山一号的房间面积有明显差异，大床房很宽敞，放得下舒适的浴缸。最为喜欢的是景观房，落地玻璃外有一个简洁的小花园，木地板、木栅栏、几盆植物，清新素雅。花园内刚好放下两张藤椅和茶几，客栈准备了茶具，在月色明亮的夜晚，在此泡壶清茶，对月沉思，享受属于一个人的寂静情怀，颇为自在。

有些房间面积不算大，网上有客人抱怨"放不下一张桌子"。其实在有限的面积内设计师的用心已然清晰——极简主义的建筑美学，原色水泥墙、麻质梳洗袋与素色瓷杯的元素融合了朴素与舒适的文化审美。

来自日本的侘寂理念

曾山一号的景观房花园旁边有一座小小的室内庭院，白色的粗糙石子铺地，原木色花架、几棵小树枝丫随意点缀其中，一丛茂盛的枯枝和黑色的旧木。

1 | 2　　1. 睡在另一张床上，却足以牵手　　2. 水泥、亚麻与陶瓷冲撞出的细节

坐在花园里，便可零距离欣赏这庭院里的风景，一种关于岁月沧桑的忧伤忍不住会撞击心间——想必这正是设计师要传达的意境，朴直、冷瘦、枯萎、老朽、寂寞、简素、幽暗、静谧、野趣与自然。

这种关于生命的贫瘠美是从禅宗延伸出来的一种美学和世界观，并非每个人都喜欢这份侘寂，然而于我而言，却是曾山一号赠予的最大惊喜。

📍 客栈资讯

地　　址：厦门市环岛路曾厝垵天泉路曾山1号

电　　话：0592-5577228

预订方式：网络/电话

房间价格：200～500元（旺季价格有浮动）

那石客栈
——访隐者不遇

这趟的厦门之旅让我忍不住再三感叹，曾厝垵变了。几年前的曾厝垵是一个清丽的渔家少女，不施粉黛，恬淡、纯朴，像是初春的山风，清新得让人心旷神怡。而如今的曾厝垵，多了几分繁华与热闹，人声鼎沸，不再寂寥，只是宁静的所在越发稀少了。

在这样的环境里，那石客栈真是一个例外，它藏在岔路的尽头，不显山不露水，与青山岩石相伴，含蓄而清冷，使人情不自禁想起这样的诗句，『无意苦争春，一任群芳妒』。

◆ 客栈特色

- ◆ 曾厝垵里罕见的现代主义建筑风格
- ◆ 拥有私家花园的房间
- ◆ 真正闹中取静的氛围，自然气息浓郁
- ◆ 巨大的岩石与满壁的山花

一栋有气质的建筑

那石客栈是一家有风骨的客栈，真正的气质，在骨不在皮。

在旅途中见过许多的客栈，却少见如那石这般外表清雅冷傲、内在却自在不羁的设计风格。艺术圈里有股风潮叫作"性冷感"设计风，是真正的文艺青年们热衷的美学理念。这种美学追求极简主义的中性气质，提倡简约却不简单的立意，营造意境上的寂寥悠远。

在如今的时代，人们更需要返璞归真的安静与简单，这种接近禅意的美自然而然成为艺术人所热衷的境界。同样，在如今商业化气息浓郁的曾厝垵里，那石客栈的建筑风格便是一股别有韵致的清泉，漾开了小渔村的浮华与嘈杂。

巨大石壁下的悠闲座椅

闹中取静寻佳处，偷得浮生半日闲

藏在山脚下的那石客栈，拥有得天独厚的地理位置

春色满园关不住

　　巨大的岩石赫然耸立，一大丛瀑布般的山花从小山顶上倾泻而下，青砖色的沙发和白色的遮阳伞静静地安放在山脚下，角落里的枯木与野草，一排郁郁葱葱的水生植物，白色的石子与褐色的石板……这种种元素汇聚在那石客栈小小的庭院里，成为一幅画、一首诗、一曲清冷的箫声。

　　冷色调的运用是那石客栈的鲜明特色，依着山石而建的房间花园平台透着清新脱俗的气息，那是中国传统古诗词中方有的意境——柴门闭锁的小院和寻访不遇的隐者。

　　那石客栈的地理环境在曾厝垵里是得天独厚的，一扇木门，可以隔断所有的繁华，与山石为伴，仿佛身在旷野，自在无为。住过，定然爱上。

一楼的房间不大，但简洁清新

槿花半点夕阳收

楼下的房间不大，但卫生间很宽敞，各种硬件设备都不错，住客会有高品质的体验。房间设计延续着清冷的风格，而我独爱那石客栈花园房内的小院子。它坐落在山脚的一端，隔壁是邻人搁置的废墟，不高的院墙上长满青苔，院内有芭蕉。院子里的春色与墙外的荒芜形成视觉上的对比与冲击，"枯藤老树昏鸦，小桥流水人家"的意境呼之欲出。

在那石客栈整体的清冷调性中也有一抹暖色，那便是主人带来的体贴与随意感，让住在这里的人不必拘束，仿佛可以轻易释放内心中真实的自我，在这片素净的天地里感受最自然的气息。

📍 客栈资讯

地　　址：厦门市思明区环岛南路曾厝垵528号

电　　话：17750657729

预订方式：网络/电话

房间价格：200～600元（旺季价格有浮动）

右舍游多多客栈
——我曾接待过天使

右舍最美的是它的咖啡馆，在建筑面积大多局促的曾厝垵里，拥有这样一家宽敞咖啡馆的客栈极其稀少。在阳光灿烂的午后，坐在右舍的咖啡馆里看书，是属于曾厝垵最安详的画面。远处吹来的海风转动起门口的风车，一切宛如童话，这样的宁静，值得倍加珍惜。

院子里的风车和吉祥物游多多都是右舍最吸引游人的风景，而最打动我的，却是那几只白猫所示范的悠闲而慵懒的生活状态。

◆ 客栈特色

◆ 拥有一家宽敞的咖啡馆，晚上是酒吧
◆ 房间里若有似无的清新花香
◆ 在曾厝垵的角落里，繁华与安静相融合
◆ 好喝的杧果牛奶

咖啡馆里的阅读时光

第一次见到右舍是在放年假前的一个下午，阳光格外明媚，游客也不太多。曾厝垵里这么漂亮文艺的咖啡馆是不多的，于是忍不住走了进去。咖啡馆里有一整面的书墙，书不多，但已经足以挑一两本悠然自得地享受整个下午的阅读时光。进门有一排面对着花园的长桌，配上翠绿色凳面的高脚椅，在阳光下坐一坐，仿佛整个心情都明亮起来。

一只白猫蜷缩在椅子上打瞌睡，这份慵懒的气息充斥着整个咖啡馆，人们也随之奇妙地感到放松，度假的氛围弥漫开来。咖啡馆的杧果牛奶做得很用心，或许因为他家的店长被客人称为"杧果店长"。

不知不觉遇到天使

许多住店的客人都会留意到右舍墙上的一段话："不可忘记用爱心接待客旅，因

夜晚时分，这里会变身为酒吧

午后在这里看看书，终于有了度假的感觉

房间并不宽敞，但空气里有股清香

为，曾有接待客旅的，不知不觉就接待了天使。"这是出自《圣经》中的一段智慧哲言，也是客栈主人虔诚遵守的信仰。如果每个客栈主人都奉行这样的理念，那么每一段旅行自然都会变成天堂之旅。

于是，你大可以坚信，右舍，也许就是一家接待过天使的客栈。

暗香浮动的客房

右舍的房间并不奢华，更接近于青旅的标准，而且它原本就配置有床位房。但是，右舍的房间干净而清新，这应当得益于特意布置的干花，使得客栈的走廊和房间里处处弥漫着花瓣的幽香，让人心情十分舒畅。简洁整齐的房间布置，用心准备的铁观音茶包和茶具都能感受到主人在有限资源下极致的体贴。

📍 客栈资讯

地　　址：厦门市思明区环岛南路曾厝垵473号

电　　话：13313840423

预订方式：网络/电话

房间价格：几十到三百多不等（旺季价格有浮动）

灯塔渔人杯子店

——遗失的地中海

曾厝垵里靠近龙虎山路的位置有一艘巨大的白色帆船，它无法起航——这是一个室外咖啡馆，漂亮的造型吸引了来往行人的关注。它不是一个孤独的背景，身后还有一栋灯塔造型的白色建筑物，与之巧妙呼应，共同构建了一幅华美的地中海风情图画。

灯塔渔人其实是一家客栈，也有自己的咖啡馆，但是更吸引我的是他家的杯子店，在商业化气息越发浓郁的村子里，它依然轻描淡写地坚持着某种文艺的气质。

◆ 店铺特色

- ◆ 清新的地中海风情建筑
- ◆ 造型各异的杯子
- ◆ 门口的漂亮花园

时光的剪影

在阳光明媚的日子，很难不被灯塔渔人吸引。白色的灯塔形建筑，点缀着标准的地中海蓝，墙上爬满绿色的藤，藤上开着金灿灿的鲜花，美不胜收。

很喜欢他家门口的小路，这在如今的曾厝垵可是极其少见。白色的墙和蓝色的门窗，几张高脚凳随意摆放在窗口，开着小花朵的盆栽堆放在角落，颜色顿时鲜亮起来。顺着这条小路会看到巷子尽头的渔家民宅，门口的芭蕉树在阳光下耷拉着叶子，植物郁郁葱葱，一个人影也看不到。这才是旧日曾厝垵的模样，现在只剩这条小路，还能依稀看到过去的影子。

于是，我无比留恋这里的寂静。

1 | 2 / 3   1. 船形的露天花园   2. 明媚阳光中的优雅生活态度   3. 一柜子，一辈子……

扬帆去流浪

灯塔渔人的门口有一个船形的露天花园，纯净的白色，在蓝天下显露出无比清新的气质。冬日的午后坐在这里晒太阳喝果汁是一件很惬意的事，放眼望去周围尽是白桌白椅，巨大的白色遮阳伞和白色栏杆拼接出来的花园小径。抬头便是大树，阳光耀眼得让人睁不开眼睛，透过茂密的枝叶洒落光影婆娑。

晚上这里便是酒吧，会有驻唱歌手唱起沧桑的民谣，坐在船形花园的甲板上，随着歌声仿佛真的飘荡在海上，空气里都是加勒比海的气息。

收集一辈子

灯塔渔人的杯子店有着足够的文艺腔调，进门便是一幅色彩鲜明的油画，画中是下着雨的欧洲街道，行人蹒跚而行。那一刻你便像是迈入了另一个时空，这里悄无声息，却意境开阔。店里有许许多多的马克杯，大部分都是欧式风格，喜欢文艺复兴风情的人，多半能挑到自己心爱的那一个。

许多人喜欢收集杯子，据说那象征着一辈子，那么便从曾厝垵带回这样一个杯子做纪念吧，或许会永远记住这个海边小渔村的一丝文艺气质，将属于它的那份大海气息承载其中。

最爱的其实是店里那张餐桌，白色桌布与蓝色餐巾、漂亮的碟子与杯子，还有一大瓶盛放的百合花。这个位置无人就座，它只是某种生活方式的缩影，像艺术品般陈列在店里，引人思绪万千罢了。

📍 店铺资讯 ────────────

地　　址：厦门市思明区曾厝垵478号
电　　话：13606046959
商品价格：几十元不等
特色推荐：各种漂亮的杯子

和一群有趣的人做一些有趣的事

——快乐地摇铃

这是我迄今为止见过的名字最长的一家饮品店。他家的饮品都和精品茶叶有关，或许叫作吃茶店也不错，但又不同于日式喫茶店的沧桑情调，而是独有一份清新而天真的情怀。

『吃奶品请摇铃』是他家特色的口号，在曾厝垵里也颇有些名气。这或许是个噱头，但谁也不能否认，偶尔装疯卖萌一次，也算是对逝去童真的一种追忆。

◆ 饮品店特色

◆ 极好的店内环境
◆ 墙上的照片很有意思
◆ 每杯奶茶都有独一无二的编号
◆ 手工甜点外卖

什么都是有趣的事

在寸土寸金的曾厝垵里开这么大一家饮品店是那么奢侈，或许只有辛辛这样任性的少年才有勇气做出这样的事来。啊，六年前辛辛才是货真价实厦大出产的少年，如今不知道在岁月里可曾改变了初心。"和一群有趣的人做一些有趣的事"，这句话最早出现在辛辛以前工作室的小雨棚上，现在成了这家饮品店的名字。辛辛说这句话就是他的志向，如此这般才不虚此生。

店内空间很宽敞，原色的木头桌椅简洁而清新，一大扇拱形的落地窗抓取了周边街道上的各种风土人情——外面很热闹，店内很宁静。他家的饮品单很简单，只有七种选择，每一种饮品都有一个好听的名字，菜单上写着几个大字——有故事的饮品。

据说最受欢迎的是"杜老师的现煮奶茶"和"陌小朵的玫瑰酸奶"，许多年轻人都

老板说，来这里寻找对的食物

老板说，遇见对的人
不如遇见对的食物
好吃到想哭，总强过伤心流泪
+ 对的凤梨酥
+ 对的牛轧糖
+ 对的茶叶

喜欢夜晚坐在这个位置看曾府按街道中的行人

1 | 2 | 3　　1. 设计特别的柜子　　2. 自家生产的茶叶　　3. 温馨安静的角落

慕名而至。我也是带着对奶茶的憧憬走进来的，28元一杯的价格并不便宜，从中能感受得到店主用心的制作。最特别的是每杯奶茶居然奉送一张明信片，上面印着这杯奶茶独一无二的编号，"您喝的这一杯是本店历史上第0103719杯现煮奶茶"。

　　无法细究这样做的意义，但会让人觉得很有趣，并认真保存下这张明信片。成年后的我们总是带着理性的思维去看待生活中的事物，无奈的是大多数事物都没有什么意义，于是生活在岁月中逐渐变得无趣而苍白。我们似乎忘记了童年时的欢愉也几乎是没有意义的，一小块泥巴、一堆坏掉的玩具、一个还流着鼻涕的小伙伴……这些都曾带给我们无以复加的快乐，成为生命中最值得留恋的光阴，只待追忆。

　　所以我很欣赏辛辛的创意，把看似无意义的事尽量有趣地去做，尝试着唤醒成人那颗久不曾雀跃的童心。原来煮一杯奶茶也会那么有趣，喝一杯奶茶也是可以作为永久纪念的回忆。

喝一杯正山小种奶茶

　　我在夜晚来到饮品店，夜色沉寂，店里灯火通明。奔波一天后的心情并不平静，厦门堵塞的交通让人感到疲惫无比，这时一杯奶茶的温暖于我本就是一种极其有意义的安抚。在吧台处买单，找个座位等候吧员摇铃招呼，这个间隙我打量了墙上的照片，都是关于店铺历史和童真的主题。

　　烹煮时，茶香浓郁，店家用的是福建特产的正山小种红茶，这是世界上最早的红茶，被称为红茶鼻祖，一度在欧洲被称为中国茶的象征。冬夜里，这样浓郁的茶香令人沉醉，我无比期待吧员手中的铃铛响起。

　　店里的位置很多，去的那日又下了一整天的雨，游人稀少，店里更显得空旷。于是突然之间，烦躁了整日的心情莫名平静下来，似乎终于可以安心享受旅行途中的自在与惬意了。

　　虽然厦门冬季的温度不算低，但是刮起海风时可以冷到骨子里去，在绵绵阴雨中赶了几天路，整个人几乎都冻得僵硬了。当店员将一杯刚出锅还有些烫手的奶茶递到我手里时，心中仿佛某种东西融化了，手里的暖意传递到全身——有时幸福就是这么简单。

　　店外的街道上仍有不少行人穿梭购物，然而我此刻的心情与他们必是不同的。在这家闹市中的饮品店里，我居然找到一种归属感，如同在荒漠里行走时偶遇到绿洲，身心都获得了憩息。这在旅途中也算是有趣的体验，果然如同店主希望的那般，只要做有趣的人，必然带给别人一些有趣的事。

　　在这家店的那个夜晚很温暖，让我暂时忘却了门外的寒风，或许很多年后我已想不起那杯奶茶的味道，但是我会对那种经历记忆犹新。

1│2　　1. 每杯奶茶都有独一无二的编号　　2. 招牌奶茶

为岁月念一首《断章》

最喜欢面朝落地窗的位置，木头的桌椅、复古的欧式灯罩、工业风情的台灯、小小一盆的植物，连桌上的糖罐都精致得可爱。店里的灯光特别明亮，在夜色里驱散了所有的寂寥与阴郁，在这样的环境里打量窗外的一切，会让人思绪起伏，感触万千。

这种时候，总会让人不禁想起卞之琳的《断章》："你站在桥上看风景，看风景的人在楼上看你。明月装饰了你的窗子，你装饰了别人的梦。"这首被引用无数次的小诗在此情此景中再现再贴切不过。没有其余的诗句比它更合适概括眼前所看到的景物与行人，那些路过的人，此刻都成为我眼中的风景。

几年前来曾厝垵看到的风景是古老的祠堂、庄严的庙宇、寂静无人的街道、在院子里吃绿豆冰的渔家少年、摇着蒲扇赶蚊蝇的小卖部老板……而这一切如今有些完全失去了踪迹，似乎转瞬便沧海桑田。现在我能看到的窗外风景是路灯下的石板路、各家民宿的霓虹灯、天南地北的游人……不能说这样的风景便不美丽，倘若有双智慧的眼睛，我们所能看到的，便是万物的空相、时空的轮回。

为岁月忧伤应该也是一件没有意义的事，于是我在这家有趣的店里又发现一句有趣的话："遇见对的人，不如遇见对的食物。好吃到想哭，总强过伤心流泪。"

📍 饮品店资讯

地　　址：厦门市思明区曾厝垵176号

电　　话：18650163200　0592-2517865

人均消费：30元

特色推荐：杜老师的现煮奶茶、陌小朵的玫瑰酸奶

珊妮玫瑰花饮
——小王子的玫瑰花

几乎每个女孩心中都曾做过或者正在做着一个玫瑰色的梦，几乎每个小王子的心中都曾爱过或者正在爱着属于自己的那一朵玫瑰。玫瑰原本就是世界上最美丽、最香甜的花朵，有什么理由被人为地强加上庸俗的象征。

很多游人评价过，珊妮玫瑰花饮在嘈杂的曾厝垵里是一个特别的存在，与人玫瑰，特有芬芳。

◆ 饮品店特色

◆ 15元一杯的现煮玫瑰奶茶在曾厝垵里是绝对的良心价
◆ 村子里卖玫瑰系列产品最丰富的小店
◆ 店铺里沁人心脾的幽香
◆ 或许算得上曾厝垵最美的小店

独一无二的玫瑰

这家店的微博上有这样一句话："每个小王子都有一朵爱着他的玫瑰花，每朵玫瑰花都有一个爱着她的小王子。"这或许是真的，也或许只是浪漫的遐想，毕竟生活大多数时候是骨感的，每个人都拼命寻找着暗色调里的温暖。当我们成长到人生的某个阶段，对情感的阅读也许会有这样一个答案——宇宙中只有一个小王子，和他唯一的玫瑰花。

珊妮玫瑰花饮应当便是曾厝垵里唯一的一朵玫瑰花了，只有它美得那么清新，甜得如此可人。玫瑰花藤环绕的拱门，在这市井的街道里，藏匿了属于维多利亚时代的风情画卷。

15元一杯的玫瑰奶茶在曾厝垵里算是价格极低的

玫瑰鲜花可以吃

Enjoy the rose smell

玫瑰奶茶　玫瑰酸奶

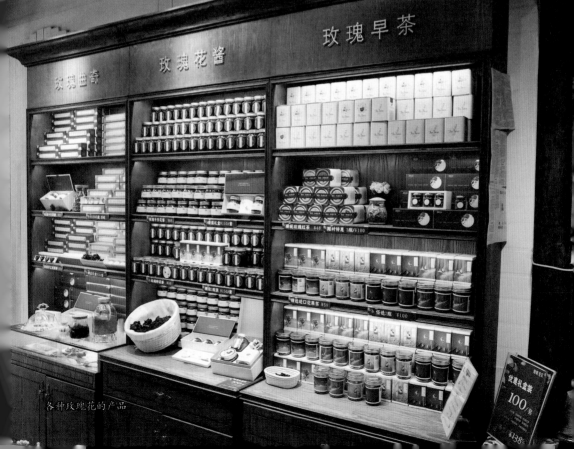

玫瑰曲奇　　玫瑰花酱　　　　玫瑰早茶

各种玫瑰花的产品

店里唯一的座位，可以独自一人喝杯玫瑰奶茶

温婉的孤独星球

店里出售的商品不算太多，各种空间的细节却美得令人窒息。复古的木质柜子、墙上蝴蝶标本的图案、很少喧闹的风铃、漂亮造型的时钟、古董感的蕾丝桌布，以及花瓶里绽放得灿烂的鲜花，我几乎无法一一列举这些美好的事物，它们一股脑地聚集在了这小小的花室里，构建成梦幻般的世界。

只有一人可坐的位置，却布置出再惬意不过的空间，仿佛进了一间都铎王朝的小屋，屋子里只有你自己和一室的玫瑰花香。你会遗忘门外人流拥挤的世界，只有一个人，停留在一个星球上。

片刻后身有余香

曾厝垵里卖现煮奶茶的小店有三五家，最便宜的便是这里，更让人惊喜的是奶茶里藏着可以吃的玫瑰花瓣，喝完后满齿留香。店家唯一不够细心的地方是忘记给奶茶杯子配上隔热的纸壳，刚煮出来的奶茶外卖会十分烫手，最好还是坐在店里喝完再走。

墙上漂亮的装饰

　　或许主人是故意的，用这种方式暂停客人的步伐——别忘记来这里只是为了度假，何苦匆匆忙忙，无止境地奔波？

　　于是不妨怡然自得地留在店里小憩片刻，这里本就是曾厝垵里最甜蜜的所在，多留一秒，也能沾染更多芬芳。

📍 饮品店资讯

地　　址： 厦门市思明区曾厝垵教堂街368-2号

电　　话： 0592-2560903

商品价格： 十几元到几十元不等

特色推荐： 玫瑰奶茶、玫瑰酸奶

一杯茶堂
——倾己所有去爱生活

究竟是时光改变了生活的模样，还是人们抑制不住地肆意扩张？当喧嚣叩访昔日宁静的小渔村时，有多少人会为此而唏嘘不已。当文艺变成这里的伪命题时，还有多少家小店能坚守在高昂的租金中初心不改。

原本只是那么简单的梦想——好好生活，享受当下，如今却在一片灯红酒绿中颤颤巍巍，在物质的洪流中感受看不见的风雨飘摇。在深夜回到曾厝垵时，幸而依然能看到那栋天蓝色的小屋，那盏明亮的灯，闻着新鲜的茶香。

你好，一杯茶堂。

◆ **饮品店特色**

◆ 新鲜煮出来的奶茶颇受欢迎
◆ 只有一个位置可坐却依旧情调十足
◆ 各种包装精美的茶叶可作手信
◆ 曾厝垵里难得的保留着文艺范儿的地方

一杯茶的人生态度

据说一杯茶堂有两家店，不过我只找到曾氏祠堂附近的这家，门面很小，挤在一堆喧闹的商家中，白日里仿佛隐了身。我是在夜晚时分找到它的，当天色都暗沉下去时，它似乎活了过来。其余的商家灯光被对比着显得昏暗，唯有他家在清新的天蓝色中绽放出明亮温馨的灯花。

在深夜的小巷里，一位文静的女孩默默站在店门前煮着奶茶。这样的画面已经很美，更何况看到屋檐下的那句话，"绝非冲动，我们只不过想倾己所有去爱生活"，于是冬夜里的海风变得不那么刺骨，心里刹那间温暖起来。

奶茶里的温暖格言

这是一家较为袖珍的小店，两排货架便占据了店里大半的位置，然而主人依旧贴

这是店里唯一的位置，却可以舒服地坐很久

¥59.00

不懂茶叶的可以问老板，会得到详细解答

1 | 2　　1. 包装得很精美的茶叶　　2. 我想说的话都在杯子上

心地尽力留出足够的空间给店里唯一可以坐下的位置。奶茶是现煮的，需要等候十多分钟，端上来时味道如何仿佛已经不重要了，单店家的认真就已让我感动。

一杯奶茶的世界或许很小，却也能纳下一片天地，用心制作必然能打动客人——会让一种温暖在这寒夜中传递。就如同倾己所有去爱生活，生活未必回馈幸福，但必然有着意想不到的收获。

画里画外一个世界

店里有一幅油画，在那个夜晚让我记忆深刻。一条漂亮干净的街道，种着几棵枝叶茂密的大树，或许会有落叶。画里的远景与近景各有一家咖啡馆，简约、明亮，仿佛空气里都有一股百合花的气息。靠街道的位置放置一套桌椅，桌子上铺着洁白的桌布。这样的场景应当是在欧洲某个小镇上，人烟少却不显寂寥。

或许大多数人并不认为这幅画与眼前的一杯茶堂有多大关联，可是我却能感受到其中一致的气质。画中的咖啡馆，说不定便是店主的生活梦想。有梦想总是好的，说不定哪天幸福会来敲门。

📍 饮品店资讯

地　　址： 厦门市思明区曾厝垵252号
电　　话： 0592-5230952　0592-5212767
商品价格： 几十元不等
特色推荐： 现煮奶茶、冷泡茶

Hollys 咖啡馆
——海边的浪漫满屋

全世界都有Hollys咖啡馆，但似乎这一家有什么不同。伴随着韩剧的蔓延，韩式咖啡馆接踵而至，涌入了各个城市，在平凡生活中延续着剧里那种朦胧暧昧的文艺情趣。我时常无法分辨这间咖啡馆和那家咖啡馆有何不同，但仅仅由于Hollys咖啡馆的位置在曾厝垵对面的海滩上，一切仿佛都变得不一般。

曾厝垵越来越繁华，节假日里更显喧嚣，然而只需要跨越一座天桥，走进Hollys咖啡馆，顿时会觉得海阔天空——整个世界豁然开朗。

◆ 饮品店特色

◆ 绝佳的地理位置，出门便是海滩
◆ 全亚洲最大的咖啡馆
◆ 店里有服装专卖店

天地大美无言

它是亚洲最大的咖啡馆，又在曾厝垵的对面，在网络上自然会毫无意外地走红，许多游客会特地找来。或许游人们自己的城市就有Hollys咖啡馆，平日里也不常去，偏偏赶到厦门来凑热闹。我在无法理解这种行为的同时也成了其中一员，在一个晴朗的黄昏，沿着海滩寻了过去。

海风很冷，却挡不住游人们的热情，在这样的天气里，依旧不少人在海边嬉戏。穿过热闹的栈道，游人逐渐稀少起来，靠近Hollys咖啡馆的海滩上看不到人影。太阳还未完全沉到海的那一边，在水面上洒下今天最后一片灿烂。忍不住拿起相机对着这片寂寥的大海，只看得到阳光、黄沙、海水、乱石和远方的船只——远离喧嚣的一刻，被镜头永恒地纪念。

或许仅仅为着这一片无人的海景，这家咖啡馆便值得一来了。

一个人避开喧闹，上楼看书吧

3500平方米的浪漫

据说这家Hollys咖啡馆有3500平方米，难怪连室外的花园也宽敞得让人感到奢侈。花园正对海滩，提供许多舒服的座位给客人面朝大海、独自发呆。花园中央有一个巨大的心形建筑，上面挂满了来自天南地北的情人锁——也许开锁的钥匙都被扔进了深不可测的海底。

咖啡馆有两层，设计风格和其他的Hollys咖啡馆并无区别，依然走着时尚、文艺、自然的路线。特别的是室内开着一家SW1960服装专卖店，这个耶鲁大学官方品牌也给咖啡馆里增添了几分学院气息，似乎不读本书反倒格格不入了。

贪婪的快乐

空间开阔的好处是店里隐藏了许多安静的角落，寻觅这些角落的存在本来便是泡咖啡馆的乐趣之一。这家Hollys咖啡馆像是童年时的迷宫，你可以楼上楼下肆意地寻

	1
2	3

1. 咖啡厅里的服装店　　2. 咖啡果然还是典型的韩式咖啡口味

3. 提拉米苏最适合做下午茶甜点

宝——这个沙发的阳光最充沛；那边的落地窗看得到最美的海岸线……

于是，可以放任自己像个孩子一般地贪婪，将梦想中那些文艺的画面在这一家咖啡馆里全部实现。窗外是不羁的大海与自由的风，窗内却锁住了满屋的浪漫。

📍 饮品店资讯

地　　址： 厦门市思明区环岛南路312号海港城三号楼

电　　话： 0592-2197699

人均消费： 50元

特色推荐： 红薯拿铁、提拉米苏

悠米茶饮
——浮世中一朵茉莉花

曾厝垵里有不少外表看上去很不错的咖啡馆，但若是想要感受属于小渔村那种朴实的、悠闲的生活节奏，需要往巷子深处去寻觅。悠米茶饮就是这样一个宁静的所在，小小的店铺里藏着满室清新。

悠米茶饮藏身在一条被烧烤摊占据的小巷里，左右都是喧闹的吆喝声，路过多次，都因它不起眼的外观而忽视。而最后事实证明，店也是不可貌相的——它像一朵茉莉，小巧平凡，却会让人不错过它迷人的清香。

◆ 饮品店特色

- ◆ 不大却温馨的环境
- ◆ 性价比高的饮品
- ◆ 闹中取静的舒适位置
- ◆ 手工酸奶颇有人气

夜色中的温暖

　　我路过悠米茶饮多次了，白天的时候它看上去并不那么引人注目。周围的环境又有些嘈杂，门前的摊位上都卖着相同的深海大章鱼须和烤生蚝，游人拥堵在烧烤摊前，空气里弥漫着一股焦炭味和蒜蓉味。悠米茶饮就夹在这条小巷的中间，店面不大，木头的外墙，毫不起眼。

　　离开曾厝垵的前一晚，我随意闲逛着，走着走着就走到了悠米茶饮，想是坐一会儿打发时间。夜色中的悠米茶饮看起来和白天不同了，或许是因为暖色的灯光和彩色的招牌，小店仿佛活泼了起来，透出一股清新的活力，在寒冷的冬夜里变成了温馨的所在。

东南亚风情的浪漫

　　路过外间的吧台，悠米茶饮只有一间不太大的内室，但座位设置合理，坐起来也颇

简单的吧台却营造出甜蜜的梦幻

还有什么比独自坐在长桌旁发呆更令人愉悦

小小一家店，满满的青春岁月

为宽敞舒适。内室的天花和墙壁都是木头拼接的，在射灯的照耀下，散发出昏黄的暖色调，整间屋子显得明亮而温暖。天花上复古吊扇造型的灯和墙上立体的植物给小店增添了几分东南亚风情，从平凡中透出一股清丽的风格来，让人内心情不自禁轻松起来。

最爱靠墙的那一条长桌，很窄，上面放满一排的薰衣草盆栽和彩色陶罐，还有一个插满仿真花的欧式花瓶。如此简单的布置，在灯光下看起来清丽可人，胜过许多咖啡馆大费周章的设计。这种感觉总让我想起槟城当地的茶室，简朴的格局中流露出原生态的素朴，像炎热天气里的一股凉风，清新怡人。

愿别离亦无期

在厦门喝咖啡的好去处一定是沙坡尾，曾厝垵里的饮品大多又贵又普通，都是应付游人的噱头。这更显出悠米茶饮在曾厝垵的珍贵来，一家主营红茶、奶茶和酸奶的小店，品种丰富且价格便宜，出品的饮品质量也很有保障，还有什么可挑剔的？

我点了一杯奶盖红茶走进内室，里面只有一个客人在低头玩手机，店里安静极了，氛围舒缓而悠闲，与外面喧嚣拥挤的街道仿若两个完全不同的世界。走的时候，我竟然开始有些不舍得离开它，离开这难得让人自在的时光。

📍 **饮品店资讯**

地　　址： 厦门市思明区曾厝垵183号
电　　话： 13779999919
人均消费： 15元
特色推荐： 奶盖红茶、一颗柠檬茶、手工酸奶

餐厅
CANTING

方糖绵绵冰
——浮生半日闲

在曾厝垵方糖是一个吸引人的存在，当巷子里挤满了人时，它在路中间留出一个安静的院子来。院子里有木桌、绿藤、干花和藤编的灯罩，悄无声息，独辟了一个静谧的世界。

方糖是一家可以让人心情平静的小店，这在曾厝垵里可不是一件容易的事。杜果够不够甜，冰够不够软似乎不那么重要，重要的是，别人拥挤时，我却偷得浮生半日闲。

◆ 餐厅特色

◆ 门面不大，里面却很宽敞
◆ 杜果冰分量十足
◆ 清新自然的室内环境
◆ 还有一家自己的客栈

漂亮的小院子

我真是被春节期间的曾厝垵吓坏了。刚到的那日住在曾山一号艺舍，离村子有一段距离，山脚下没有什么人，我错觉曾厝垵还是如往昔的那般宁静。放下行李走进村子后，我便被眼前水泄不通的人群挤得头昏脑涨，当我看到一块深绿色的招牌出现在眼前时，顿时觉得一股清新的山风吹来——我几乎是逃也似的躲进了方糖。

只是想暂时避开拥挤的游人，找个地方歇歇脚，却没想到走进方糖的院子后，收获到令人意外的惊喜。门面后方是一个很小的院子，中间放着一张陈旧的木桌，配着同样色调的长凳，透出自然的气息。桌子上摆放着插满紫色干花的花瓶，旁边是白色遮阳伞，屋檐下绿藤蔓延，安静舒适。

向内走几步便能隔开世俗的喧哗

安静的所在

1 | 2   1. 花园内木桌上的鲜花   2. 招牌杧果冰是夏日里透心凉的诱惑

悠闲的乡村风

更令我没想到的是，院子后面还有一间很宽敞的屋子，墙上挂着一束束茂密的干花，桌上的花瓶里也五彩斑斓。整体环境看起来像一家文艺范儿十足的咖啡馆，却又有着亲切自然的乡村风格，我一下子便喜欢起来，把外面的喧闹都遗忘在脑后。

坐在方糖里，有种在乡下度假的轻松愉悦，时间变得舒缓起来，总觉得不远处会传来萨克斯风的曲调。方糖还有一家客栈，走的也是同样的清新自然路线，简单却充满朴质的人文调性。住在楼上，到楼下吃冰，想象一下，应该是无比惬意的假日时光吧。

寂静的一家店

我点了招牌杧果冰。我知道这个季节的杧果不会太甜，却又抵抗不住漂亮模型的诱惑。果不其然，杧果有些生涩，但好在浓郁的炼乳和细密的冰弥补了口味，总体来说也是很香甜的味道——这让我期待着夏天的时候再来，那可是吃杧果冰的好时节。

有网友曾说，选择方糖的原因是别人家都在吆喝，而他家安安静静。这真是一语中的，方糖最诱人的地方，是它在这繁华深处耐得住寂寞，坚守着一份宁静自然的净土，给疲惫的旅人提供一处心灵的歇息地，有着"万籁此俱寂，惟余钟磬音"的意境。

📍 餐厅资讯

地　　址：厦门市思明区曾厝垵152号

电　　话：18674710966　18606091028

人均消费：30元

特色推荐：绝世杧果冰、提拉米苏绵绵冰

曾厝垵，我来了～

三家厚吐司
——市井美食的代言人

这里的三家厚吐司并不是讲述一个叫作『三家』的吐司店，而是说的曾厝垵里最有名气的三家厚吐司店：八口、阿信和能如意。如果有人问我，曾厝垵里的美食代表是什么，我第一个念头想到的绝对不会是海鲜——尽管这里是有名的渔村。对于我而言，品种丰富多样的厚吐司反倒成为最具代表性的曾厝垵美食。

这并不奇怪，吐司本就是最市井的街头文艺气息，而这原本是曾厝垵昔日最原汁原味的魅力。

◆ 餐厅特色

◆ 三家店的品种都很丰富，口味各有特色
◆ 店面都不大，但环境很小清新
◆ 价格便宜，氛围文艺
◆ 曾厝垵里最适合吃早餐的地方

古早味的八口

吐司，是英文toast的音译，粤语叫多士，大抵就是切片面包。这是一种跨越国界与文化的食物。它便宜，象征着平民的日常生活气息；它又够简单，因此具有了无限的可创造性，一片薄薄的面包可以玩出无数的花样来，这其中融合了不同民族、不同地域的特产、民俗和历史。

在港式茶餐厅是必然要吃牛油多士的，然后再搭配解腻的冻柠茶，这种早已渗透进香港民众日常生活的饮食习惯何尝不是一种浓缩的历史，无声地记录了那段东西方文化交融的特殊岁月。在广州生活的几年，社区门口有一家很小却地道的茶餐厅，我的早餐时光几乎都以同样的方式在那里度过。无须开口，一进门老板便会招呼："今天还是老样子？"我点头，然后牛油多士和冻柠茶便会端上，附送一本新到的港媒杂志——可以悠闲地享受整个清晨。这不是一份多士，而是一种独属于香港的街坊式社区文化。

如果去到马来西亚，怎么能错过美禄多士，还有我无比怀念的槟城多春茶室的炭烧

1 | 2 | 3   1. 这家店在小路的拐角处，划出一道美妙的弧线　2. 阿信的老板们，原来是美男
3. 有趣的壁画营造出快乐的氛围

多士，最近西餐厅里流行的冰激凌厚吐司……这种种关于面包的创意与文化其实都有相同的内涵：平民的、街头的、文艺的、小清新的。

八口是曾厝垵里第一家厚吐司店，总店正对教堂，门口的墙上有一幅清新的手绘壁画，店里几张简单的桌椅，简约朴素。坐在靠窗的位置望出去，能看到曾厝垵里原住民的日常生活，充满古朴的市井气息。尽管另外一些厚吐司店的加入使得八口不再是唯一的选择，但依然有不少老客人特意来怀旧。八口的芝士培根厚吐司卖得最好，还没出炉便能闻到特别的香气，也惹人回忆起过往宁静的文艺岁月。

青春派的阿信

或许有人会不解，全世界都有吐司，为何我偏偏把它作为曾厝垵的美食代表。这让我想起新加坡乌节路上的雪酪三明治，一位老人家，一个常见的路边摊，一片普通的面包里包裹上一大团冰激凌，便俨然象征着市井中美食的传承。

曾厝垵的厚吐司之所以上升为一种文化形态，在于它已经融入了本土的自我意识，老板的兴趣与生活在吐司店中得以体现，而不仅仅是纯商业的复制，这才符合曾厝垵文艺渔村的气质。

高木直子是我喜欢的旅行作家，虽然她只是一个插画家，书中的文字不过是在插画边配上寥寥几字。她也没有去过太多地方，最远是到荷兰见证一下自己的身高缺陷和到法国跑一趟马拉松，可是她有一双发现生活美的眼睛。印象深刻的是她去到东京不远处一个专吃饺子的小地方，从这家饺子店吃到另一家饺子店，那么普通又重复的食物在她

的笔下变得极有情趣，她用心分辨着这家的口味清淡些，而那家的历史更悠久。在我看来，这才是对于平淡生活最崇高的敬意。世界上的事物原本都很平凡，只看你怎样去思辨。

　　同样是卖厚吐司，若要说阿信与八口有着多么大的差异似乎有些矫情了，可是敏感些的人确实能够感受到不同的趣味，从这家吃到那一家未必不是旅途中很有意思的经历。阿信拥有一栋漂亮的蓝色小屋，窗沿下挂着风铃，整体的色调鲜艳而明丽，于是来的年轻人自然多些。阿信的芝士香蕉厚吐司是我的大爱，喜欢包裹在芝士里的新鲜香蕉的香甜，为它忍不住来了第二次。

童话风的熊如意

　　鼓浪屿上其实也有一家熊如意，总觉得与曾厝垵这家气质不同。就如同在曾厝垵和中山路上看到张三疯与赵小姐，仿佛是最熟悉的陌生人。熊如意的店铺里真的有很多卡通熊的图案，店门外的墙壁上手绘着憨态可掬的大熊，LOGO上是一只可爱的熊掌，店内的圆凳上也是文艺范儿的小熊花绘。于是熊如意看起来就像是一栋童话里的屋子，里面住着熊妈妈和它的孩子们，这样的风格颇受女孩子的喜爱。

　　熊如意自称是曾厝垵第一家黄金吐司创始店，黄金吐司的意思就是将面包在鸡蛋液里浸泡过再烤，这样会呈现出一层金黄色。这本是法式吐司的做法，西多士也是这样做的。八口和阿信的厚吐司都是装在白色的瓷碟中盛出，而熊如意的厚吐司会装在统一设计的纸盒里，外观很漂亮又方便客人外带。

1	2	3
		4
		5

1. 漂亮的布帘隔断了店内的空间　　2. 一墙的心和信
3. 芝士香蕉厚吐司配蜂蜜柚子茶作为早餐，开始幸福的一天

　　曾厝垵里能吃到美味早餐的地方屈指可数，满巷子的沙茶面都不地道。幸而在这三家吐司店里享受到了愉悦的早餐时光，自己搭配营养美味的套餐变成旅途中的趣事——八口家是芝士培根配柠檬茶，阿信家是芝士香蕉配蜂蜜柚子茶，熊如意家是芝士肉松配桂圆红枣茶。这其中并没有什么逻辑，只是我们平淡的生活里偶尔需要这样一种心情，用心去感受细节里的幸福罢了。

📍 餐厅资讯

八口厚吐司

地　　址：厦门市思明区曾厝垵 147 号之一

电　　话：18649601929

人均消费：20元

特色推荐：芝士培根厚吐司、冰激凌厚吐司

4. 芝士培根厚多士配柠檬茶，多么幸福的早餐　　5. 黄金吐司的意思是加入了鸡蛋

阿信厚吐司

地　　址：厦门市思明区曾厝垵天泉路328-2号

电　　话：15710688676

人均消费：20元

特色推荐：芝士香蕉厚吐司、奶酥厚吐司

熊如意厚吐司

地　　址：厦门市思明区曾厝垵150号

电　　话：15859252803

人均消费：20元

特色推荐：芝士肉松厚吐司、烤鸡腿熊掌堡

清朝初年虾面铺
——市井人生的历史

这个除夕夜我独自在厦门度过，细雨蒙蒙，天色渐渐暗下来，曾厝垵里华灯初上。我一路闲逛到村子的偏僻处，情不自禁被它看到一家亮着灯的小店，挂在店外墙上的老照片吸引。

那是清朝时的厦门市井照片，在寒冷的雨丝中，在昏黄的灯光下，这些老照片散发出淡淡的光晕，像一段时光的剪影，记录着物是人非的沧桑。于是，我决定将年夜饭定在这里，吃一碗清朝初年发明的厦门虾面，以体味那段我触不到的市井人生。

◆ 餐厅特色

- ◆ 虾壳熬制的汤底鲜美无比
- ◆ 他家的花生汤并不输给大名鼎鼎的黄则和
- ◆ 可以欣赏清代的厦门老照片
- ◆ 有趣的3D海洋风格壁画

百年时光已不在

读书时学艺术史，最爱《清明上河图》，那里面描绘的北宋汴河两岸的自然风光和市井生活让我心向往之。朋友常说我骨子里不知道哪里沾染一副魏晋风流的做派，成日在俗世中追求不切实际的意境。我不否认，以前读柳永的"三秋桂子、十里荷花"能让我沉醉好几天，对古时的杭州城魂牵梦萦。

清朝初年只是曾厝垵里普普通通的一家小吃铺，可是我却觉得它非同一般。或许是因为它展示在店门外那一排老照片，在商业化了的曾厝垵里保留着一丝难得的人文底蕴，记录着一百年前厦门的模样，惹人思绪万千。

繁华红尘唯一角

我知道我所爱的《清明上河图》中的场面虽然热闹，但画家的创作意图却并非为了表现红尘繁华。只是在我看来，那分明是人间富贵景象，处处是有趣的风景。如今的曾

清朝旧影·厦门奇景

3D壁画使小店妙趣横生

1│2　　1. 这家的花生汤和虾面可算是曾厝垵里最值得一吃的美食　　2. 蟹黄汤包也是招牌

垵游人如织，一派繁花似锦、对酒当歌的快乐场景，如同活过来的《清明上河图》，人在画中行。

　　这家清朝初年就在画卷的角落处安静地生存，沉淀出最本土的生活气息，日复一日地享受着市井生活中那种简单的快乐。店主是一对朴素的当地夫妻，应该已是花甲之年，每日默默地煮着面，熬着花生汤，平静地等候客人上门——看到他们的生活，你会感悟平淡或许才是最真实的幸福。

浮生若梦几时休

　　清朝初年的虾面是一定要尝试的，汤汁的味道鲜得令人难以忘怀，里面的虾肉不算大，可是分量十足。"这是最地道的厦门味道。"老板对自家的虾面自信十足。这里的花生汤也人气颇高，老板曾神秘地同我描述熬一碗花生汤需要的三道程序。这些都是厦门最市井的食物，并不高贵，却包含着岁月沉淀出的悠长底蕴，是穿越了时空的味道，可以回味，可以思念。

　　临走前我问老板店名的来历，老板瞪眼，大概是怪我看墙上的资料不仔细，"虾面就是清朝初年发明的"。我恍然大悟，老板笑了。

　　原来在这个除夕夜，一不小心，我品尝到了属于厦门一百年前的味道。

📍 餐厅资讯 ────────────────────

地　　址：厦门市思明区曾厝垵367号（面对农商银行，左手边30米处）

电　　话：13600965935

人均消费：35元

特色推荐：虾面、花生汤

甜心凯特概念甜品
——海边的粉红城堡

我并不是个以貌取店的人，作为资深吃货，我深知真正的美味通常都藏在毫不起眼的小店里。可是第一眼见到甜心凯特时，我还是被它的外观打动了。即便只是在楼下打量二楼的门面，那大片象牙白、咖啡棕、桃心红的组合依旧激发出我心里的童话情结——真像是公主的城堡。

那时天色已晚，甜心凯特在一片朦胧的夜幕中格外明亮，白色的灯光照映着白色的围栏，似真似幻，分外温暖。

◆ 餐厅特色

◆ 口味丰富的雪花冰
◆ 舒适温馨的室内环境
◆ 坐在落地窗前可以俯视曾厝垵的街道
◆ 二楼的位置闹中取静

蓦然回首的灯火阑珊

第一次路过甜心凯特时我并没有上楼，在夜色中被它的灯火通明吸引，驻足了几秒。那天厦门的雨淅淅沥沥下了一整日，加上不时刮过的海风，寒意袭人。为了熟悉曾厝垵的地形，在这样的夜晚我依旧到处瞎逛，却禁不住被天气影响，心情有些低落。

在曾厝垵里看到了一家奶茶店，我原本喜爱的棕色主色调在寒风凄雨中显得有几分寂寥。有些惆怅地转身，却不想撞见身后一大片鲜艳的粉红与明亮的象牙白，一股清新甜美的气息在雨夜的曾厝垵里四处蔓延。

多像是童话里的情节——迷路的猎人，回头间便看到一座原本并不存在的漂亮城堡，故事由此拉开序幕。

来自天南地北的留言

被风吹起来的雪花冰

那天无奈我与客栈店长有约，只好遗憾地离去。那一刹那的感觉，仿佛卖火柴的小女孩走在寒冷的街头，将所有的温暖遗留给身后那间漂亮大屋里的人们。我把这种莫名其妙的多愁善感解释为——曾厝垵的拥挤与冬日的海风真让人凌乱，于是这份甜蜜的粉红分外温暖。

终于等到一个阳光明媚的日子赶来拔草，其实让我对他家念念不忘的除了华丽的外观，还有楼梯处广告牌上写着的"猫山王"三个字。我对榴梿冰激凌毫无抵抗力，更何况他家宣称是用进口马来西亚猫山王精心制作。

对于店里引以为豪的招牌雪花冰，用他们自己的话来形容，"风一吹就会飞起来"。这或许只是夸张的修辞，但是我很喜欢，听上去有一种夏日里碧海蓝天的清新与自由。

回到童年快乐的暑假

甜心凯特的室内设计是欧式化的公主风，玄关处白色的书柜、靠窗的布艺沙发、

坐在窗边眺望夜色下的曾厝垵

看得见窗外风景的高脚椅、整面墙的粉色留言帖……简洁而清新的风格十分鲜明，最适合在夏日炎热的午后来此间闲坐，选那张临窗的长桌，躲在角落里看楼下的人群熙熙攘攘，而自己却悠闲自在地吃着冰，吹着冷气——还有比这更惬意的暑期生活吗？

坐在甜心凯特的高脚椅上，阳光透过玻璃晒进来，往嘴里塞一大口榴梿冰，打量楼下的曾厝垵风情，突然觉得很亲切——如此风景，又何须远行。

📍 餐厅资讯

地　　址：厦门市思明区曾厝垵107号之一2楼

电　　话：0592-2068468

人均消费：50元

特色推荐：绝世超芒、草莓提拉米苏

亚尖大排档
——旧时光的证据

我原本不该把亚尖大排档选入本书，因为你无法从它身上找到任何与文艺相关的气息。就那么普普通通的一家海鲜小炒店，整个曾厝垵多得数都数不过来，味道也和其他店在伯仲之间。

可是思来想去，我又觉得书里非有它不可——难道文艺这个词只能形容一家店的外在，而完全疏忽掉关于它的那些历史，那些在岁月中泛黄的故事？

真正的文艺应当是骨子里的，甚至不被人察觉，或者自己也不大明白的。文艺的的确确不在亚尖大排档，而是它象征过的那段属于旧日厦门的闲适时光。

今生今世的证据

刘亮程有篇惹人深思的散文《今生今世的证据》，他写道："我走的时候，我还不懂得怜惜曾经拥有的事物，我们随便把一堵院墙推倒，砍掉那些树，拆毁圈棚和炉灶，我们想它没用处了。我们搬去的地方会有许多新东西。一切都会再有的，随着日子一天天好转。"少年时的我们总是意气风发，毫无伤感地别离故乡，以为最精彩的永远都在未来。

当时间描摹出年轮一道又一道，我们才回过神来："我还不知道曾经的生活有一天会需要证明。"故乡总有几家老店承载着童年美味的记忆，那种属于故乡的味道在多年后让我们魂牵梦萦。亚尖，对于厦门人来说，或许就是一张老照片，证明过往的岁月中曾有过那样一段欢愉。

这是一个承载着厦门市井美食历史的名字

明亮清新的地中海蓝

1 | 2　　　1. 据说这是一道被中央电视台推荐的私家小吃　　2. 姜母炒蟹也是厦门一道传统菜

镌刻时光的痕迹

亚尖开了20多年，最早是20世纪80年代开元路上的老店，那时饭店尚以公社为名。20世纪90年代初搬到厦门大学对面的顶澳仔路，那条路一度曾成为厦门文艺范儿的代名词，大名鼎鼎的黑糖便在那里起家。那时的亚尖名不见经传，却成了当时厦大学生最爱聚会的餐厅。

十多年的光阴中，一代又一代的年轻人从厦大毕业，或是离开厦门远赴他方，或者留下来，在生活中沉寂。当回忆往昔的青春岁月时，他们也许会怀念起在这家大排档里留下的那些年的梦想与激情。

只是青春梦一场

几年前亚尖又从顶澳仔路搬到大学路，不多久，终于选定在曾厝垵里落户。随着游客的增多，曾厝垵里的海鲜小炒店比比皆是，每一家大抵都是一个样子，而亚尖似乎也没有太多特别，渐渐泯然其中。它曾是多年前无数年轻人心中的唯一，如今除了记忆，一切再也回不去。

像是学校里许多人曾喜欢过的那个女孩，那么特别，无法替代，然而却在时光的流逝里变成世界上一个普通的女子，连名字都已忘记。

时常也会有上一代的厦大毕业生来到这里怀旧，像作家笔下写的那般，纪念"在它们中间悄无声息度过童年、少年、青年时光的我"，从而悲伤地在岁月里"踏踏实实地迈上了虚无之途"。

📍 餐厅资讯

地　　址：厦门市思明区曾厝垵181号之二
电　　话：18606098816
人均消费：60元
特色推荐：海苔角、酱油水小鲍鱼、姜母炒蟹

环岛路

关于渔村的文艺传说

环岛路如今是厦门游客的新宠，骑一辆单车，迎着灿烂的阳光，沿着海岸线前行，无疑是一件再浪漫不过的事。厦门的环岛路很长，全程43公里。最重要的是，路途中还隐藏了许多古朴的小村子，值得绕路去感受一番本岛风情。

随着曾厝垵的饱和，环岛路上其他几个村子的游客也逐渐多了起来，其中黄厝和塔头最为明显。不过这些村子大多都还保持着原本的质朴与悠闲生活，住上几天，会有远离繁华喧嚣的静谧感，内心感到充实而愉悦。

印象深刻的漫度设计客栈，就藏在环岛路旁边一条岔路的半山上。山上的村子里养着马和羊，雨水中的田畦菜花显得格外自然清新。刚好赶上村民祭祖，住在现代化的精致客栈里，闲适地做古朴文化的看客，这或许是环岛路之旅中最有意义的感悟与收获。

香草一号精品别院
——月明满园花如雪

花季香草园里盛开着甜美的玫瑰与清香的薰衣草，游人参观需要买门票，住在里面的客人则可免费享受在芬芳里入睡的香甜。住在香草一号就如同住在一整座香草园里，打开房门便能迎接满园的鸟语花香。

◆ 客栈特色

◆ 香草园里环境清幽，自然芬芳
◆ 独立的平房房间，拥有的私人空间极大
◆ 房间舒适度高
◆ 阿姨会把早餐送上门

冬日里的香草园

漂亮的环岛路上有一排整齐的棕榈树，拐个弯走进悦月路，几乎看不到行人。一排排高大的绿树上开着不知名的红花，路边的野草长得格外茂盛，铺出一条绿色的小道。

香草园就在道路的一旁，门口挂着"厦门市香草协会"的牌子，寂静无人。走进园内，保安大叔走过来询问了情况，我坐在木质的屋檐下等待店主的到来。屋檐下挂着一整排的风铃，一阵清风抚过时，发出叮叮当当清脆的铃音。旁边的几棵小树，在冬日里枝叶依稀，树下的薰衣草丛中依然露出淡淡的紫色。红色的屋顶，木头的天花，香草园里的建筑都像是童话里的小屋，落地玻璃上还贴着圣诞节时白色的雪花。

往里走几步便能看到玫瑰园，冬季里的玫瑰自然凋谢得多，但是依然有不少长出了花骨朵，墨绿色的枝叶和粉色的花瓣在微风中轻轻摆动。不仅如此，偶尔还会有几朵开

晚上坐在香草园里吃海鲜，私密而安静

得极其艳丽的玫瑰盛放，在有些单调的冬日里，美得让人惊艳。

薰衣草园便在玫瑰园的隔壁，远远望去，一片朦朦胧胧的紫，与夏季那种浓郁得化不开的深紫色不同，像是清雅的君子，有着淡如水的情怀。冬日的阳光明媚却不强烈，只是淡淡地洒在花园里，像是给粉红的玫瑰和紫色的薰衣草都披上了一层金黄色的薄毯。

大自然中的小屋

一大片的薰衣草园旁边是人工湖，夏天时会开满莲花。湖水清澈而宁静，偶尔会有小虫停落，荡起一圈涟漪。湖水蜿蜒到旁边的沟渠处，有一架木头水车，一大一小两个轮子，静静地矗立在沟渠边，旁边是一排木栅杆。有时候会有鸟儿飞到上头休息，园子里的小孩跑过去玩闹，鸟儿又扑腾着翅膀飞走。坐在远处的石阶上打望这一切，好一幅意境清幽的田园风光图。

孩子们的最爱还不是水车，而是香草园中心处停放着的一架直升机。在这样清新自然的花园里出现了直升机，还真是另一种说不出的浪漫。我喜欢的是一条木板铺成的小路，路很窄，两边都有木栅栏，一直向远方延伸。小路的两侧都是玫瑰花园，许多小树种在园中，树杈上还挂着干枯的树叶，青草地倒是很茂盛，粉色的玫瑰花熙熙攘攘散落其中。路的尽头是几座小屋，红砖屋顶和淡褐色的墙，屋檐下有木头柱子和蓝色的窗帘。屋子的外面还有自己的小花园，深浅不一的绿色植物散发着清新的气息，像是欧洲小镇中悠闲的一隅。

1 | 2 | 3 / 4　　1. 清幽舒适的香草园　　2. 薰衣草色的房间格外温馨
3. 每个房间都有一个美丽的名字　　4. 房间的一角

　　香草一号的房间都是分布在园子里的平房，都有着同样漂亮的屋顶与天花。每一间房都有一个很好听的名字，我住的那间叫作"芊芊薰衣"。很少住过平房式的客栈，感受特别舒适惬意，不必与其他人拥挤在一栋楼里，而是每个人都拥有一片开阔的视野。打开房门，门口的平台是属于你的；推开窗户，窗外的小树林是属于你的；甚至于，半夜里下起大雨来，噼里啪啦打在屋顶上的雨声也是属于你的。这种体会是住在其他客栈里很难感受得到的，像是住在大自然里，没有间隔，没有距离。

一个人的月色

　　香草一号的房间住起来十分舒适，有着紫色与白色冲撞出的清雅与浪漫，以及宜家家具所带来的典型北欧简洁风。每一个细节都很用心，看上去随意简单的装饰里处处让人感受到高品质的体贴。床上用具优质，卫生间宽敞干净，冬天里空调的暖气也很足，住在香草一号里是一件很惬意的事，只有住过的人才能感受到那种被呵护备至的体会。

　　老板海波是个退伍军人，刚毅中却有着文艺青年的情怀，他抱着一只刚出生不久的小猫来和我聊天。海波说常有附近拍戏的明星来这里住，因为安宁又僻静，游客稀少。他同我讲述开客栈中发生的趣事与苦恼，眉眼间是一副历经世事的从容与对未来的期望。

　　香草园里有海鲜排档，来的都是熟客，避开了拥挤的游人，又可以坐在花园里就餐，再舒服不过。夜色里的花园灯影朦胧，凉风徐徐，月色皎洁。很多时候，这样安静地享受美食成为香草一号客人的专利，像是坐拥了整座花园。

　　香草一号为客人准备了简单的早餐，早上的时候阿姨会敲门送上门来。有时是牛奶面包，有时是红米粥和花卷，虽然只是家常餐，却足够温馨。

　　住在香草一号的短暂时光令我非常留恋，它离海那么近，却离人群那么远。一个人随心所欲的闲适与自在，在芬芳中仰望蓝天，看门前花开花落，是香草一号特有的情怀。

📍 客栈资讯

地　　址：厦门市思明区环岛路椰风寨悦月路11号香草园
电　　话：13600928811
预订方式：网络/电话
房间价格：200~600元（旺季价格有浮动）

映像厦门度假别墅
——村中柳暗见花明

不知从何时起，黄厝成了环岛路上游客新的聚集地。普普通通一个小村子，却因为得天独厚的位置拥有了一种特别的文化氛围。朴素的当地居民和外来的文艺青年相安无事地住在同一屋檐下，享受着同一片碧海蓝天。

在疲劳奔波的旅行途中，遇上映像厦门真是一件幸运的事。因为映像厦门而真正有了一天自由度假的惬意，我记忆中在黄厝那个夜晚，月明风清。

◆ 客栈特色

◆ 很漂亮的花园
◆ 房间里有开阔的阳台
◆ 每个房间都有一个文艺范儿的名字

寂静无人满园香

跟随导航走上一条黄厝村的乡村小路，据说映像厦门就在这条小路的中央。我抬头看到了那栋藕色的建筑物，可是转了几圈也没有找到它的大门。后来终于发现，我一直误以为是涂鸦墙的那片彩色，原来就是别墅的大门。粉的、蓝的、绿的、白的、橙的，五彩斑斓的颜色在阳光下熠熠生辉。

推门进去，一眼便能看到寂静无人的花园里各种花草在阳光下生机勃勃，深绿、浅绿、桃红、胭脂色一股脑儿地跃入眼底。靠着白石墙的木架子上挂着整排的多肉植物，白瓷花瓶里的蔷薇开出了花骨朵，铁花架上的陶盆里蔓延出细细长长的绿藤，沿着墙缝垂到泥土里。花园里的多肉植物长得最好，层层叠叠堆积在墙角的木凳子上，憨态可掬。旁边小花瓶里一大簇的绿叶中开出几朵淡黄色的小花，像是飞舞其中的粉蝶。

转过弯，会看到更大的一处锦绣园景，墙根下有一个大鱼塘，满池的红色锦鲤游来游去，鳞片在阳光下闪闪发光。地面上长着一种不知名的藤蔓植物，像是铺了一张柔软的玫紫色的地毯。角落处还用竹竿搭建了一大片的凉亭，植物紫红色的根须从竹竿缝里

一进门便能看到生机勃勃的花园

垂下来，颇有"万条垂下红丝绦"的妙趣。

　　大厅一楼很空旷，一个人都没有，整个别墅里安静得只有窗外的鸟叫声。我从旋转的楼梯上二楼，前台处依然没有人。我环顾四周，阳光明媚，清风徐徐，有一种一个人拥有这整座别墅的错觉。于是想起一句诗，"户庭无尘杂，虚室有余闲"。

天台上的度假时光

　　二楼大厅里有排高大的木头书柜，摆满了各种图书，天花很高，上方的书需要爬上木梯去取。阳台的门边有一排风铃帘，藤麻编织的绳子，各种陶瓷小人和小动物，下面系着一个又一个小铃铛。一阵微风吹过，叮叮当当，像是童年时夏日里卖麦芽糖的货郎敲出的声音。

　　我坐在大木桌旁等了几分钟，一个年轻的姑娘从后厨走了出来，对我笑。她叫L，大学四年级学生，趁寒假到客栈工作，顺道旅行。春节期间店长走了，她一个人成了整栋别墅的小主人。和L在一起的感觉轻松自在，加上别墅里自然的田园风情，清新的度

1	2	3
		4

1. 清净无人的闲适别墅　　2. 明媚阳光下的木梯与书柜
3. 房间里有趣的元素　　4. 书柜里的艺术摆件

假气息迎面而来。

　　三楼还有一层大木柜，里面摆放了各式各样的精致的工艺品，有石头人像、干枯的藕枝、白色玫瑰花瓶、复古茶盅、圆形的根雕和大大小小的石敢当。围栏处的贵妃椅旁有一个巨大的白色圆形书架，可以坐在下方灰色的棉垫上舒适地阅读。喜欢书架顶上的一套《道德经》，坐在这宁静的居室里，更能感悟到书中的清净逍遥，悠然自得。

　　映像厦门的天台并不大，但足够清爽雅致，阳光下的摇椅旁是蓝色马赛克拼成的室外游泳池。有一堵低矮的水泥墙，挂满了白色的小花瓶，每个花瓶的土壤里都冒出小绿芽来，预示着厦门的春天不远了。太喜欢在这样一个冬日阳光灿烂的午后，在天台边的摇椅上小憩片刻，天那么蓝，万里无云，若是视野好的时候，还能眺望远方的海。生命中一切不快乐的因素就在这样宁静的世界里烟消云散，只剩下纯粹度假的情怀，感受岁月如诗。

沉醉不知归去

　　别墅的房间名字很有趣，有的是一部电影，有的是主人的心境。我居住的"二次曝光"是一间摄影主题的房间，躺在床上仰望天花，便能看到加入摄影作品的顶灯。靠墙的位置有一台古铜色的摄影机摆件，还有一面黑色的镜子，居然也是照相机的造型。

  房间比较宽敞，卫生间很干净，热水充足。最爱房间里的小阳台，视野极为开阔，坐在小木凳上，可以看到楼下郁郁葱葱的树顶和田野里的蔬菜，有一位大叔刚刚忙完地里的工作，斜靠在树下乘凉。望着这清新的一片绿色，阳光暖洋洋洒在肩头上，什么也不必去做不必去想，还有什么比这更闲适的日子。

  黄厝的夜晚还是很宁静的，我在老街上打包了奶茶，带回客栈与L坐下来聊天。夜色中，别墅的花园里虫子轻轻鸣叫，月光洒下一层薄纱在阳台上。我和L相谈甚欢，无拘无束，像是相识多年的老友，聊着厦门的风土人情。临睡前经过露台，忍不住又走过去站了一会儿，沉睡中的村子带着原始的自然气息，远离红尘，月光如洗。"深林人不知，明月来相照"，映像厦门的夜如同一首朦胧的诗歌，让人沉醉其中，不知归去。

📍 客栈资讯 ————————

地 址：厦门市思明区黄厝茂后14号

电 话：18965118569

预订方式：网络/电话

房间价格：100～300元（旺季价格有浮动）

四年三班客栈
——曲青春的赞歌

塔头是环岛路上的一个村子，这些年陆陆续续开了不少客栈，旅游的人逐渐住到这边来。村子基本保持着原样，只有安静的石子路和巷口的大树，以及街边卖水果的村民。

四年三班客栈就在这一片村子里，年轻俊秀的主人『沈公子』，酷酷的外表下有些羞涩，大家都很喜欢他。四年三班客栈旁边有一所小学，每天早上能听到学校的音乐。我喜欢这种氛围，像是台南乡下的夏天。

◆ 客栈特色

◆ 房间宽敞，住起来舒适度高
◆ 有老爷车到村口接送

年轻人与老爷车

到了塔头的村口打电话给"沈公子"，他说"等我，我来接你"。我站在耀眼的阳光下，旁边是一座大酒店，对面有几个村民戴着太阳帽，躲在树荫下卖波罗蜜。只有南国的冬日，才会有这样闲适的风情。

不一会儿，一个俊秀的年轻人开着一辆枣红色的老爷车到了村口，气质有些清冷，默默地帮我把行李拿上车。直到坐上车闲聊两句，他才露出淡淡的笑容，原来，有些酷的表情下，还是个孩子。90后店主姓沈，朋友们喜欢开玩笑叫他"沈公子"。相比"沈公子"少年特有的清冷，他的父母十分热情。正逢过年，准备了许多水果零食招呼客人，客栈里一派热闹与喜庆。

重回青春校园

四年三班客栈四层高，50多间房间，从外表看，真像是一所童话中才有的五彩缤纷的学校。走廊的一端有一块大黑板，上面用粉笔画了一大堆乱如麻的文字和图案，充满

四年三班

客栈的房间很多，恍惚间真如同一座彩色的校园

房间宽敞舒适，充满奇幻色彩

了特有的童趣。我住的那一层整条走廊都是橘红色的，色彩明媚而清新，让人整个心情都活泼起来。

客栈的房间特别宽敞，墙上的壁画充满了童话般的迷幻感，欧式大床与窗边的桌椅都有着维多利亚风情的浪漫。从窗口望出去，能看到对面的小学，小树林中隐约能见的飘扬的红旗。阳光下的这片风景祥和而自然，让人放下了旅途中所有的疲惫。

美好年华似水流

在走廊临窗的角落处有舒适惬意的休息区，米黄色的墙、棉麻沙发和玫瑰花布凳子，旁边还有一盏毛茸茸的白色落地灯。天气好的时候，坐在这里发呆，阳光晒得人身上暖洋洋的，眺望远方的风景，慵懒地享受着人生中美好的时光。

在走廊角落处布置的沙发，适合一个人发呆

这一年的除夕夜我是在四年三班客栈度过的，"沈公子"带我一起到邻居家串门烫火锅。年夜饭后我们一群人坐在花园的草坪上点篝火，烤红薯。寒冷冬夜里的火光与音乐，成为属于我的温馨厦门记忆。

📍 客栈资讯 ————————————————

地　　址：厦门市思明区环岛路塔头社119号之二

电　　话：0592-2510763

预订方式：网络/电话

房间价格：100~400元（旺季价格有浮动）

狂派集装箱酒吧
——一个人不寂寞

黄昏平日里的夜晚算是热闹，但若是遇到下雨天，便显出几分寂寥来，村子里的人早早收摊归家，游人也不再出门，只有某个角落处开着一两家酒吧。音乐与灯光的交杂，才解除了黄昏雨夜里的清冷。狂派集装箱酒吧就是这样，静静地开在街边，用它迷人的光线吸引着过路的行人。

◆ 饮品店特色

◆ 集装箱主题
◆ 烧烤性价比较高
◆ 白日里提供主食套餐
◆ 靠落地窗的位置能看到黄昏的夜色

雨夜中的一盏灯

那一日并不住在黄昏，只是刚好在傍晚时分想到村子里随意逛逛，却不想天色刚暗下去，便噼里啪啦地下起雨来。原本计划去的餐馆早早地关了门，路上的行人一副急匆匆归去的神情，不出半个小时的光景，整个黄昏的街道突然安静了下来。

雨依旧下着，没有要停的样子，我打着伞在村子里寻找可以吃东西的地方。一片黑暗中，看到了在街边闪闪发光的狂派集装箱酒吧，里面一个人也没有，环境看上去很舒适，便情不自禁推门而入。

雨中的斑斓灯光

一个人的宁静之夜

很喜欢靠近落地窗的高椅，木头桌面上整整齐齐摆放着骷髅头的烟灰缸、各种调味品、透明灯及一个也是集装箱造型的纸巾盒。坐在这个位置上，可以看清整个黄昏的夜色，在雨水的冲刷下，说不出的清新与孤寂。水泥地上溅起的水花湿了行人的裤脚，对面酒吧的灯光在积水里投下五彩的折射。

老板端上来一盘小吃，很抱歉地说今天的主食卖光了，于是点了烧烤和可乐作为晚餐，一个人坐在酒吧里，享受雨夜的宁静。简单舒适的集装箱，像是荒原中的一个幻境，成为清冷与热闹的矛盾体。

温柔地说晚安

假期里的厦门，因为一场意外的雨而带来的清净时光令人再惬意不过。老板在大屏

在这样的环境里吃烧烤可以闲度时光

幕上放着韩国歌团的音乐，不断变化的屏幕灯光令酒吧里多了一层迷幻的色彩。音乐声激烈，四周却如此空寂。喜欢墙角那张壁画，听音乐的大猩猩，似乎露出了人类特有的沉思。

这一刻属于静默，无须言语，无须释放，只要坐在灯光照不到的角落里，静静望着窗外的雨，追忆过往的似水年华，叹今夕何夕，与黄厝的夜说声晚安。

⑨ 饮品店资讯

地　　址：厦门市思明区黄厝美食城内
电　　话：18650034140
人均消费：80元
特色推荐：烤茄子、烤虾、老板的特调酒

苏禾香茶饼坊
——不可或缺的小店

黄厝村子里如今还是淳朴的原始的，颠簸不平的小道、挑着货物的村民、熙熙攘攘的游人。这里看上去和中国任何一个小村几乎没有什么区别，人们过着几十年如一日的生活，平静而恬淡。

可是对于游人来说，却不免有几分寂寞。除了餐厅便是杂货铺的街道少了些文艺，少了些旅行中的关怀。还好有苏禾香，这样的小店可以为朴素的村子带来甜美的趣味，不必多，一家也很好。

◆ **饮品店特色**

◆ 店面虽小，但清新自然
◆ 饮品性价比高，味道专业
◆ 有各种包装精美的花草茶出售
◆ 有自制明信片

朴实中的温暖

黄厝村子的街道不长，很快便能走个来回，一个人随意逛逛，看看真实的闽南人文风情，也是一件很有趣的事情。可是中途想找个小店坐下来喝点东西，合适的并不多，而苏禾香就开在黄厝的主街道上，一眼便能看到。

深绿色的木招牌上残留着雨水的痕迹，吧台设在大门外，提供外卖。苏禾香出售珍珠奶茶和奶盖系列，品种较为丰富。在朴实的村子里有这样一家小店，生活的色彩顿时温暖起来。

宁静以致远

苏禾香进门处的角落里摆放着一些有趣的杂物供出售，可爱的台历、童话题材的冰箱贴、书签和明信片，最吸引人的是一颗一颗像巧克力一样的茶丸子，很适合旅行中人

1 | 2　　1. 各种精美的自制花草茶　　2. 好喝的仙草奶茶

随身携带。

　　苏禾香很小，店里只有一张长木桌，可以坐在旁边喝奶茶，虽小却雅致。在村子里找到这样的地方小坐一会儿的感觉特别美妙，时间变得舒缓下来，岁月无声，人世静好。木桌上有明信片可以填写，一边大口喝着现煮红茶上丰满的奶盖，一边思索在明信片上写点什么，寄给远方的谁。

平淡中的趣味

　　苏禾香室内的左右两边各有一排黑色大木柜，里面有各式各样琳琅满目的厦门特产茶叶和其他食品，包装都十分精美。有小玻璃瓶装的花草茶，紫色的薰衣草、粉色的玫瑰花、黄色的金菊，放在透明的小瓶子里，塞上木头塞子，系上蝴蝶结，让人忍不住想买一瓶带走，如同带走厦门的芬芳记忆。

　　住在厦门映像度假别墅的那一晚，我从苏禾香家打包了一杯仙草奶茶给客栈的L。第二天她发微信给我，说她在黄厝住了那么久，怎么不知道哪家在卖奶茶，问我在哪里买的。那天下着小雨，她打着伞出去逛了一圈，说是没有找到。我把照片发给她看，她笑了——原来是这一家，我一直以为这里只卖茶叶，想不到居然还有奶茶。

　　小小一家店，带给村子里的乐趣也是小小一点却不可或缺，这样平淡的生活中才会更有趣。

📍 **饮品店资讯**

地　　址：厦门市思明区黄厝村53号

电　　话：15880386772

人均消费：15元

特色推荐：奶盖红茶、奶盖乌龙、仙草奶茶

船说主题餐厅
——有一个关于海的「船说」

海边总是不缺地中海主题的餐厅，但船说显得随意自然得毫不造作。不必多美，白色的围栏有些斑驳，渔网与贝壳带着时光沧桑的痕迹，充满了生活本真的色彩。简单的蓝与白，朴素的人文情调，船说的美在于真实。随意坐一坐，吃条鱼或是喝杯烧仙草，海风从远方吹来，呼吸间便能感受到最惬意慵懒的闽南风情时光。

◆ 餐厅特色

◆ 地中海主题的餐厅，有自家的客栈
◆ 就在环岛路边，交通很方便
◆ 沙茶味的火锅是招牌
◆ 据说烧仙草是自家秘制的

岁月的舵手

船说靠在环岛路边，在一棵大树下用白色围栏围了一个小小的空间，摆上几套桌椅，便成了一个独立的温馨空间。围栏外摆着一块小黑板，推荐自家的烧仙草。

白色围栏的地面上铺了一层大颗的鹅卵石，上面站着一个穿红衣、斜戴着帽子的男孩玩偶，可爱俏皮。另一盏街灯旁有一个锈迹斑斑的轮船舵台，舵台满是铁锈，仿佛刚从海底打捞上来一般，带着说不出的沧桑感。

生活的乐趣

餐厅的一角挂着一块木牌，上面写着这样一段话："这片海我想看过，这海浪我想

下面一层的卡座很安静

触摸，这海如同聆听过。生活我已全然看透，没有什么我想要做。"仿佛世间一切的悲喜都已看淡，岁月里再无涟漪起伏，可是这段话后面又说："厦门的天空，云你没有摘过；太阳湾的深水，你没有潜过……昨日你的眼泪还没有流透，今夜你已笑得整夜不熄烟火。"

　　船说餐厅里的氛围便是带着如此本真的魅力，并没有太华丽，却足够打动人心。除了老板推荐的烧仙草，还可以试试沙茶火锅，点海鲜锅底，里面还会熬上半条鱼。坐在路边怡然自得地吃鱼，这才是海边日常的快乐。

人间的天堂

　　走下几级台阶，会看到一棵老树的树干，树干的两侧是白栏杆，种满了兰草。树干上吊着一长串的生蚝贝壳，散发出海洋特有的气息。最爱角落处的位置，木地板与木板墙，藤编桌椅，民族风的桌布。另一层的墙上是橘红色的瓷砖，色彩鲜艳活泼。木墙上有天蓝色的假窗，还有一盏复古的油灯和渔民们的斗笠。

地中海风格的角落

这自然清新的景象打开了某种尘封的记忆，关于对大海的向往，对宁静生活的憧憬。这让我对船说餐厅里另外的一句话颇有感触："看环岛路开出美丽的花朵，看遨游看沉没，看飞过人间天堂的船说。"

📍 餐厅资讯 ────────────

地　　址：厦门市思明区环岛路溪头下1号
电　　话：0592-5075488
人均消费：50元
特色推荐：沙茶底火锅、烧仙草

老城文艺区
沉淀百年的民国风情

厦门的文艺聚集地太多，但若问我真正喜爱的在哪里，那毫无疑问，藏在老城区的点点滴滴里。集中起来的文艺大多有些刻意与矫情，只有分散的不经意间被岁月沉淀出的城市痕迹，才有着不可取代的文艺特质。

中山路是厦门最热闹的商业街，可是附近的市井小巷却蕴藏着浓郁的闽南人居文化。那些小巷里的平凡人生，像是被时光拍摄下来的老照片，让人仿佛走入了那一段烟花似锦的民国风情。

华新路老别墅区、八市、白鹤路，这些老城里的文化风景才是厦门最大的人文魅力。不仅仅是书店与咖啡馆，不单单是诗与远方，那些古老的红砖墙和墙头上的三角梅，都能在最平凡的时光里流露出内敛的文艺之美。

原至花园别墅
——贩卖光阴的杂货铺

第一次走进原至花园或许只是偶然，而这人生中的一次偶然却注定了余生种种必然。推开一扇门，如同走入了一段历史的博物馆，展览的是关于这座城市曾经最美的岁月。

红砖绿树、单车藤蔓，一栋藏着光阴的老宅，一座幽静的花园。它的门外是普通的石板路，谁也猜不出这扇门后的风景，如此令人沉醉。它已有近百年历史，曾是国民革命军少将府邸。在原至花园住过一晚，便仿佛在旧日的厦门度过了一生，神秘的触动，开启心底深远的记忆。

◆ 客栈特色

◆ 上百年的老别墅，风情依旧
◆ 老板是摄影师，可预约拍照
◆ 离华新路别墅区很近

小巷里的百年老宅

菜妈街是条小弄堂，离中山路的距离不算太远，却也远离了游人出没的区域。我在这条石板路上来回走了两遍，寻找原至花园的牌子。小巷里住的都是本地人家，充满了厦门最朴质的市井生活情趣，偶尔会看到一个大妈端着脸盆出来倒水，或是拎着买菜的网篮回家的老人。清晨的阳光慵懒地洒满了整条小巷，穿梭其中，你会忘记自己是在旅行的途中，像是走在童年时放学回家的那条小路上，周围的一切都是清新而熟悉的。

原至花园的大门混迹在这一片街坊邻居中看不出端倪，仿佛只是平凡的一户人家，在这里落地生根已三代，可是推开那扇塞满了废旧胶卷的桶做装饰的大门，就像是走进了一部老电影，而自己便是主角。

大门处有几阶石梯，石梯的一侧随意摆放着十来盆植物，深浅不一的绿色蔓延出一片鲜活的气息。植物里混杂着老式的空花盆、木头墩子、老旧的马丁靴、废弃的镜子，

多少大大小小姐们曾在这台相机中留下美丽的身影

1. 满院子清淡的自然的美　　2. 客栈主人的摄影工作室
3. 花园宁静而美丽，让人心旷神怡

构建出一角关于生活痕迹的展出。原至花园的院子极美，百年历史的老宅里种着几棵三层楼高的大树，冬日里有些枝丫干枯了，顶端却依旧绿油油一片。院子中间的石头池子里静静矗立着主人置放的工艺品——低头整理羽毛的天鹅、白色红脚的火烈鸟和天蓝色的野鸭，在一丛水草中显露出特有的艺术感来。

关于时光的博物馆

老宅一楼的平台处是主人囤积趣物的角落，生锈的铁盆里装满了仙人球、塞满红酒塞和啤酒盖的大玻璃瓶、插了一根白羽毛的空罐子、废旧的风琴、多年前的布艺沙发、可以坐人的木桩、木头匣子里锁着的雪花纸片、枯死的树根、藏饰茶壶……各种稀奇古怪的玩意儿聚集在一起，像是开了一家古老的杂货店，贩卖岁月里遗失的记忆。

这样的角落在原至花园里几乎随处可见，即便在老宅里逛上整整一天也不会烦闷。我像是一个寻宝的孩子，带着抑制不住的好奇心在别墅里四处晃荡，到处都是让我惊喜的布景。

员工宿舍的门外有一辆锈迹斑斑的自行车，前方挂着一个竹筐，后座上垫放着漂亮的画板，两种不同形状的藤蔓植物缠绕在自行车上，像是裹住了时光的步伐。一楼大厅铺满了枣红色的复古地砖，靠墙的一角是经过岁月打磨的黑色木柜，木柜上并排放着20世纪80年代的电视机和有20年历史的音箱，上面随意搁着几本老杂志和青花瓷瓶。柜子的对面是一台钢琴，钢琴的旁边整齐地摆放着一排老木柜，柜子里有多年前的收音机和帆布挎包。老木柜的上方有一个老式行李箱，看上去也有些年头，让人禁不住猜测它

过去主人的模样，旧日里漂泊的情怀可和如今一样。或许物是人非的只是光阴的表象，不变的，是永恒的关于人世悲欢离合的故事。

原至花园是一栋散发出历史底蕴的、有故事的老宅，大厅内一个紧闭的旧木箱上放着一盏长满铁锈的油灯。轻轻一碰，洒落下细细一层灰尘，你几乎可以想象在百年前的那些夜晚，宅子的旧主人会拎着这盏油灯行走在花园的石子路上，夜风徐徐，明月皎洁。人生的每一张截图都如同一幕话剧，有人登场，有人谢幕。

更深月色半人家

若有人以为这栋历史悠久的老宅难免让人感到阴森，那便错了。月色下的原至花园，虽夜凉如水，却温馨宁静。精心设计过的老宅既保留了原汁原味的古朴气息，又有着现代化的优质硬件设施。原至花园的房间天花很高，有着极其宽敞舒适的空间感，复古的铁艺床、摄影主题的装饰画都彰显出主人的品位。

我住的房间在二楼，推开古老的木窗便能看到窗外的月色，院子里树影蒙蒙，月光如流水倾泻在天台上，像是洒下一片宁静的银雾。天台的角落里有一个巨大的铁质圆盘，中间摆放着不规则的象棋子，月光在上面反射出淡淡的清辉，像是仙人遗落人间的一盘残局。

我幻想着夏夜里的原至花园该多么迷人，客人们应当会聚在天台上乘凉，坐在许多年前的旧藤椅上聊着人与事，院子里定然会有蛐蛐儿吵个不停，唯有千年不变的明月静静挂在天际。原至花园保存着属于厦门特色的民国风情，一个夜晚，如同阅读了一段鲜

房间是典型的民国复古风，天花很高

活的历史。

　　原至花园的主人阿林有着自己的摄影工作室，还在市中心的思明电影院楼下开了一家只能坐下三位客人的咖啡馆，阿林笑言这必然是厦门最小的咖啡馆。我去过，并爱上。

📍 客栈资讯

地　　址：厦门市思明区菜妈街4号建设大厦旁

电　　话：0592-2022206

预订方式：网络/电话

房间价格：100～400元

神来之光艺术旅馆
——幽幽一缕香

神来之光是一个极为小众的客栈。

它很小，藏在闹市的一条小道里。它是一座有着上百年历史的古屋，如今翻新成亲切的民宅，朴素而雅致。

『出则繁华，入则宁静』，虽然很多客栈都会这样介绍自己，但是在厦门市区，神来之光的位置真正担得起这般的诠释。拐个弯是热闹红尘中的中山路，往里走，是一段寂静情怀的留香岁月。出世与入世，随遇而安。

◆ 客栈特色

- ◆ 百年老宅的气质底蕴
- ◆ 摄影协会聚会的地方
- ◆ 中山路旁绝佳的地理位置
- ◆ 老板是个很能聊天的人

繁华深处岁月沉香

到神来之光那日天气特别好，穿过繁华的中山路，拐进古城西路，周边嘈杂的声音仿若突然间全都安静下来，只听见路边树梢上的鸟叫声。阳光懒洋洋地洒在神来之光的红砖墙上，光影斑驳中，一派岁月静好的恬适，心情没来由地变得温暖起来。

神来之光的规模就是一个小旅馆，也没什么特别的设计，可是一踏进去便能感受到那股淡淡的文艺气质——没有任何外来的修饰，源自于本真的意境。

让人无法忘怀的还有空气里浮动的暗香，清新芬芳，沁人心脾。那源于主人老吴帮朋友代售的手工香皂，整间客栈里都飘浮着迷人的香气，久久不散。

胶卷中的深深旧梦

老吴曾是一名新闻摄影师，如今常常帮摄影协会做一些讲座。神来之光成立的目的

房间简约但清新舒服

其实是为了招待摄影师朋友，与同好之人把酒言欢。客栈自然是以摄影为主题的，有一条摄影走廊，展示着世界知名摄影师的作品。

老吴是一个很有意思的人，黄昏时亲手煮茶，招待客人上座，天南地北地聊着漫无边际的话题。与他说话不会闷，有时收不住嘴，一直聊到深夜星光已倦怠时，众人才依依不舍回房休息。住在这里，最惬意的感受是自在，老吴自己闲不住，将大门的钥匙交予客人后就请君一切自便，极为适合我这种怕拘束的人。

被光阴珍藏的生活

受老房子的格局所限，神来之光的房间面积很小，一个人住时刚刚好。房间内的卫生特别干净，加上挥之不去的清香，以至于在这小小的空间里，人的心情特别愉悦。

我有些懊恼无法用更美的文字来描述关于神来之光的一切，可是住在里面时，你的感官会自然而然变得细腻、柔和、浪漫起来，客栈本身的素朴、简单、家常都营造出一

怀旧的床头柜带有小清新的维多利亚风格

种隽永的怀旧氛围。安静的老房子，和煦的阳光，岁月舒缓，仿佛在人们眼前打开了一张记录过往时光的老照片——生活本身就是一种经典。

📍 客栈资讯

地　　址：厦门市思明区古城西路37号对面

电　　话：0592-2138880

预订方式：网络/电话

房间价格：100～300元

不在书店
——人间最美是书店

有人说，不在书店是中国最美的一家书店。这样说或许有些私心，但绝没有人会否认不在书店的美，淡如夏日的清风，像是流淌着光阴的老照片。在某个不经意的瞬间，打开了深藏久远的记忆，带着栀子花的芬芳，就这样赫然出现在眼前。

不在书店最妙的地方是它所在的位置，华新路一带真是厦门最美的风景，倘若可以住在附近的小巷里，每日步行过来翻翻书，人生还有什么奢求。

◆ **书店特色**

◆ 华新路老别墅里的书店
◆ 室外花园很宽敞
◆ 图书种类丰富
◆ 有手工纪念品出售

天堂的后花园

实在无法不沉迷于不在书店的花园，进门处那一丛茂密的比人高的山茶花，在冬日的阳光里绽放着艳丽的花骨朵，让每个人都惊艳得移不开脚步。木板铺成的小道延伸向远方，郁郁葱葱的绿色像是误闯入植物园，阳光变得斑驳，时间变得沉寂，一切都像是从悠长的岁月里沉淀下来的，带着记忆里的清香。

三层楼高的老别墅，外墙早已陈旧，铁质的围栏锈迹斑斑。旁边那棵大树比别墅还高出一头，遮盖了某片蓝天，留下一地的树荫和近在咫尺的鸟鸣。玄关处的老木柜上堆满了阔叶植物，还有无字的小黑板，在等待着下一条需要公布的信息。黑板下褐色的陶罐看上去已有些年头，堆积的灰尘里有着光阴的痕迹。墙角的芦荟长得最好，一不小心便要超过木柜的高度。

据说它是中国最美的书店

1 | 2 | 3   1. 大厅里别致的茶几   2. 楼上一个安静的房间，可以专心阅读
                    3. 花园里也可以自在地阅读

    天气好时，客人都愿意坐在院子里看书，鸟叫蝉鸣，凉风习习，花园里四处是散乱的落花，若是再有明媚的阳光，那便是厦门最好的时节。

    一杯清茶，一本好书，一院子的诗情画意，这样的情景让人情不自禁地想起博尔赫斯的话，世界上若是有天堂，恐怕真便是这般的模样。

不散场的青春电影

    一楼大厅里有整面墙的书柜，巨大的"ONCE"象征着书店过去的故事。复古的花砖延续着老厦门的风情，红色的沙发和船形的茶几吸引了每一个路过的客人。最爱一楼走廊里的一间阅览室，面积不大，只摆放了三张桌子。房间的设计风格极为清新简约，像是回到了大学的图书室。

    临窗的黑色木柜上放着古老的黑白电视机，靠墙的木吉他上已刻画上了光阴的痕迹，粉蓝、粉红和粉白色的干花洒落在一旁，阳光从墨绿色的窗棂处透过，时光如梭，

岁月静好。另一角的风琴许久没有人弹起过，曾经动人的琴音像是被遗忘在记忆的深处。格子花纹的桌布讲述着一段又一段发生在这里的青葱岁月，人世间沧海桑田，不变的是这一柜子的书，墨香依旧。还有一桌窗边的位置，桌椅都是竹子的颜色，阳光照在藕色的窗帘上，仿佛整个世界都柔和了下来。

随意点一杯饮品便可以坐在这里看整整一日的书，若是肚子饿了在这里吃饭最好，因为舍不得中途离去，在不在书店里泡上一整日的时间，是件无比幸福的事。

我坐在靠墙的位置里，看到学生们陆陆续续背着书包来看书、自习或是约会，像是一出关于青春主题的电影，在书店里，永不谢幕。不在书店的食物或许说不上有多少特色，但是在这样的环境里，谁还在乎吃进去的是什么味道。我点的冰拿铁认真分了层，若是算上这一整日无价的光阴，价格还真是便宜极了。

坐在室内能看到花园里看书的人，每个人都低着头阅读着自己手中的小世界，仿佛与外界完全隔离，于是忍不住会心一笑，爱阅读的人都有一样的情怀。

1│2　　1. 仿佛童年的色彩在角落里洒下一片影子　　2. 仿佛旧日人家的饭厅

逍遥的阅读时间

上楼的楼梯处摆满了图书，用实物形象地演绎着一句话，"书籍是人类进步的阶梯"。二楼也有平台，青石台上的盆栽枝叶蔓延，土壤里开出不知名的紫色的小碎花，似乎预告着春天的脚步已不太远。平台上也有看书的位置，来的人不多，因此也适合友人聚会聊天而不会影响到室内看书的人。最温馨的是一间榻榻米的阅览室，有白色的窗棂和整整齐齐摆放的图书。木地板上搁着两张黑色的宜家小方桌，蒲团、坐垫随意散落在旁。如此清雅的房间只留出一桌的位置，宽敞而宁静，还有比这更奢侈的读书空间吗？

从楼顶能看到花园里的鱼池，红色的锦鲤在阳光下自在地游着，荷叶田田，仿佛是江南的三月天。窗台上长出了一排的小野花，整齐得像是主人刻意的安排，然而却真正是大自然的巧手种植，时不时飞来一只鸟儿啄上两口，又展翅飞走。

不在书店里的藏书十分丰富，每个人都能在这一片浩瀚的书海里找到自己最爱的那本，与之共度一段属于一个人的阅读时光，无人打扰。离去前再看一看手工作品，挑一个小礼物送给自己，纪念在书店里度过的闲适时光。

来不在书店最好选择阳光明媚的日子，这样可以吹着清风，闻着花园里清幽的芬芳。若是雨天偶遇也不要紧，主人会在小黑板上写上这样一阕词："离情织就寒蝉语，罢罢罢，云波知雨色，天青雨不休。浮生六月千重变，莫莫莫，蝴蝶梦庄周，万事皆可休。"于是雨天也变得不再惆怅，平添了几分逍遥。请君入室，清心以读书。

📍 书店资讯

地　　址：厦门市思明区华新路13号花园别墅

电　　话：0592-2050813

创意店铺
CHUANGYI DIANPU

阿吉仔·吉治百货在八市的中心处，八市自然便是大名鼎鼎的第八菜市场。对于一个喜爱深度旅行的人来说，八市这种象征着厦门最古老民俗风情的市井街道才是非去不可的地方。八市有斑驳的裙边、骑楼和钟楼，还有翻新后文艺腔调十足的吉治百货。

吉治百货共有五层，每一层都有鲜明的主题，饼铺、书局、咖啡馆……厦门最美的时光于我而言，无非是坐在安静悠闲的吉治百货里，看窗外楼下的八市里人头攒动，热闹非凡。

阿吉仔·吉治百货
——风骨五重天

◆ 店铺特色

◆ 糕点包装精美
◆ 咖啡馆环境舒适
◆ 顶楼的乌龙茶室有着浓郁的中国风

饼铺和秘密花园

阿吉仔馅饼是厦门的老字号，当地老人惯于买来当作早点。吉治百货的底楼特地开成一家精品饼铺，不再是市井中那种街坊式的门面，而是带着浓郁的文艺氛围，环境清新。这里卖的阿吉仔馅饼也不再是零售散装的早点类型，而是包装得极为精美，提供给游客作为带回家的手信。

吉治百货的老板想必是极爱复古瓷砖的，除了楼上的展示馆，连馅饼的纸盒包装也设计成了复古的瓷砖花纹，十分特别。这是一个有创造力的想法，也提升了阿吉仔馅饼的品牌识别度。特意找上门来买手信的旅人络绎不绝，每次经过饼铺上楼时总能看到有人排队，然而店铺里并不吵闹，等候的客人都静静在一边耐心欣赏各种精美的包装设计。

二楼的功用其实很含糊，吉治百货自己定义的名称是"百分百厦门秘密花园"，

103

午后安静的阅读时光

追忆散发出的古早味是吉治百货最大的魅力

1 | 2　　1. 听说老板是复古瓷砖爱好者　　2. 可以坐在这里喝茶看书的幽静一角

有人告诉我，这更像是一个小型的厦门古早生活展览馆。尽管摸不清这一层最准确的定义，却无法阻止我迷上它的陈设。靠楼梯的位置铺满绿色的藤蔓，两张复古的皮质沙发中间放置着一个作为茶几使用的大木箱，木箱上的台灯造型别致，加上地面上铺满的复古瓷砖，各种色彩的运用赏心悦目。沙发的背后有一个老式柜子，柜子里自然地散放着旧时厦门普通人家厨房里的家什，柜子上方则摆着一个古朴的中式食盒。一幅民国风情的厦门历史画卷就这样不经意间在眼前展开，惹人怀旧情绪油然而生。

靠窗的位置则有一个小小的阶梯，阶梯上方布置成闽南特色的复古生活展区，游客是不能走上去的，只能站在下面观赏。台阶上铺满了碎石子，不同花色的瓷砖零散地铺了几块作为装饰。碎石子上则放置了各种式样的复古家什，旧式样的壁钟、暗褐色的铜壶、鲜活的绿色植物与干花、锥形木质花瓶、原木的画架、粘贴着瓷砖的老式冰箱、28杠自行车、用旧的墨研、老照片相册……各种独具匠心的细节，充满不经意间对生活的设计，这点点滴滴的美学，让人不知时光易逝。

记载时光故事的书局

吉治百货的三楼是时光书局，整层浅色主调的复古地砖看上去极为清新素净。靠墙的位置有一排书柜，书柜里摆放了一些旧物，诸如20世纪的打字机、缝纫机和收音机，以及柜子末端的几个旧皮箱。书柜里的书籍说不上丰富，大多都是厦门的人文历史与旅行游记，还有部分文艺类著作，倒是适合在这样的氛围里静心阅读。

书柜旁边有一架立式的古董收音机，收音机上摆放着墨绿色的复古台灯、翡翠绿的茶具和一张裱在画框里的民国时代的张贴广告纸。书柜正对面是一张深色的原木长桌，足够七八个人坐下来看书。时光书局里我最喜欢的位置是临近街边的两张单人沙发，草

绿色和黑色的搭配显得沉稳却又自然，复古木箱上放置着鲜红色的老式电话机，墙上钉着好些格子，里面装着主人收集来的厦门古物。墙的下方是镂空的，装着透明玻璃，坐在沙发上看书若是累了，不妨先把手中的书一放，品一口乌龙茶，静静地观赏窗外八市的繁华景象，感受超然物外的宁静与浮生若梦的恍惚。

时光书局里还有一个角落，木头的桌椅贴在墙角的位置，只容得下两个读者，靠近落地窗的地面也铺上了碎石子，做了极其细微的小型艺术景观。窗外是八市里最普通的老房子，墙壁斑驳，窗棂生了锈，时光无孔不入地流水般地渗透进这些房子里，使其显出沧桑的老态来。坐在这里看书会让人唏嘘和困惑，真正文艺的究竟是这书局里的一桌一椅、一花一草，还是窗外那被岁月浸染打磨后的生活。

吉治咖啡和乌龙茶室

吉治百货的四楼是咖啡馆，又一说为花砖博物馆。吉治咖啡的地面是用许多种不同花纹的瓷砖拼接而成的，看得人眼花缭乱，忍不住赞叹。不仅仅地面上铺着瓷砖，连木桌的桌面上也铺着一个系列的花砖。为了减轻多种花纹带来的视觉冲击，吉治咖啡的家具都以最简约的原木色为主，木桌、木椅、木箱、木柜恰到好处地陈列与摆放，与花砖的组合并不让人感到繁复，而是呈现出民国时期精致的复古美学。

　　到吉治咖啡不得不试的是阿吉仔馅饼的小吃拼盘，拼盘内有六种口味的馅饼，绿豆、紫薯、红豆、海苔、凤梨和椰子，每一个都切成小块，很是体贴。一个拼盘就可以将阿吉仔招牌的甜点都试个便，适合想尝鲜的客人。吉治咖啡的冰玫瑰奶茶也是我推荐的，为了它我特意来了第二次。

　　不管怎样蕴含中式复古风情的咖啡馆，骨子里毕竟是西方的生活态度，而五楼的乌龙茶室则完全是真正的中国元素。竹与木、茶与石、瓷器与青瓦，乌龙茶室的每个细节都渗透着中式哲学中特有的禅意。踏上楼梯那一刻，仿佛走入另一个时空，这里当是属于一袭白袍的谦谦君子，一琴一箫的清雅，素手煮茶的平静，都融合在这小小一方茶室里，谱写出无声的诗情画意。

📍 店铺资讯

地　　址：厦门市思明区开元路116号

电　　话：0592-2027116

特色推荐：阿吉仔馅饼、冰玫瑰奶茶

品尝咖啡
——偶尔虚度时光也好

一个城市总有几家咖啡馆是特别的，品尝咖啡对于厦门而言或许便是如此。它不在繁华的中山路上，不在人气聚集的曾厝垵或是鼓浪屿，也不在最新的文艺街区沙坡尾，而是在一座普普通通的立交桥下，靠着路边，默默而立。

就是这样一家店，让人不想错过，仿佛错过了它，就错过了厦门的某些魅力。于是我费了些功夫慢慢找过去，也因此穿街走巷，路过一栋栋街边的民宅，感受属于厦门最原汁原味的味道。

◆ 饮品店特色

◆ 街头的咖啡馆，闹中取静
◆ 楼上的环境很舒适，阳台上可以晒太阳
◆ 老板的饮品制作很专业，不时有创新作品
◆ 一黑一白两只小狗很可爱

开在路边的咖啡馆

我是从轮渡邮局开始步行去品尝咖啡的，导航告诉我的路线，穿过了第八市场的条条小巷。第八市场是厦门颇为可爱的地方，卖鱼的小贩、送货的渔民、买菜的主妇、参观的游人、住在这里的居民……各种吆喝声、讲价声和居民楼里传来的电视声汇聚在一起，散发着古早味的闽南生活气息。

一路慢慢穿过小巷，看看街边卖的叫不出名字的当地海鲜，还有人捕捉了一只小豪猪关在笼子里，几人围观。市场很热闹，却也不算拥挤，可以在里面悠闲地逛过去，阳光洒在积水的小道上，每个人都在为生存忙碌着。

比起在旅游区参观的刻意，这条寻觅品尝咖啡的道路才是真正让人愉悦的，十几分钟的路程一点不让人闷，放眼四周都是新鲜感，都是生命力的诠释。

一楼的吧台，可以一边喝酒一边和老板聊天

穿过第八市场，经过教堂，马路对面就是品尝咖啡。门口是红蓝交织的地砖，招牌和门窗都是木头的，玻璃上还留着圣诞节时的装饰。大门外有一张特别的木头长凳，数不清多少根凳脚。一楼的吧台很大，放置着各种洋酒、咖啡机和玻璃杯。墙上挂着老板参加咖啡师大赛的证书和照片。

靠墙的位置书柜里的书籍比较多，旁边是很大的投影仪幕布，老板的朋友正坐在酒吧椅上看电影。品尝咖啡招呼客人的方式很随意，自己找合适的位置便可。

走在清迈的时空里

我去的那日，二楼空无一人，阳光慵懒地照进来，屋子里暖洋洋的，宁静而惬意。靠墙的位置挨着大玻璃窗，光线有些耀眼，倒贴的福字和白色的雪花衬得分明。沙发一角砌起简陋的红砖墙，对面是一棵大树的树干。黑色皮质沙发配着木头茶几，背后还有一丛干枯的芦苇。很难让人不喜欢这个地方，热闹的大街上居然藏着如此清幽自然的咖啡馆。

内侧的位置是红墙纸与木头的拼接，木头格子里摆放着精致的手作，天花上用的是

1 | 2 | 3 / 4
1. 二楼角落里的位置，清净自在　　2. 有着东南亚风情的元素
3. 芝士焗土豆的味道很适合做零食　　4. 随咖啡赠送的巧克力曲奇

原始的高技派风格，一把旧电扇安装在木板墙上。品尝咖啡给人的感觉很复古，也有着东南亚特色的闲适风情，空气里充满了夏天的明媚感，与淡淡的咖啡香融合在一起，像是走在清迈的街头。

有面墙上装着老板淘来的闽南民居窗框，旁边有枯树根、老式电话和好莱坞的海报。最吸引人的莫过于一幅真人高的钢铁侠壁画，古老与现代的元素自然穿插。楼梯处用黑色的卡带拼在一起装饰了整个墙面，像是泰国电影里的布景，带着一丝20世纪迷离的风情，乱人思绪。

笼子里关着一黑一白两只小狗，老板说有一只是捡来的，有一只是朋友送的，如今已是店里极受欢迎的明星。之前看网络上的介绍，以为老板应当已是中年，却不想看上去那么年轻，娃娃脸，黄头发，招呼客人时有些腼腆。他爱抚小狗的样子很温柔，为这个暖日又增添了一份贴心的情意。

阳光下的年华似锦

老板是香港人，很早便在厦门开了这家咖啡馆，技术专业又擅长创新，在圈子里颇有些名气。他询问我咖啡的口味，我回答说今天不想喝单品，最好是冰咖啡。他笑了，"那我给你调一杯独一无二的，配合你今天的心情"。

我看了看窗外明媚的阳光，也笑了，今天的心情万里无云。老板下楼，我独自走上阳台。阳台不大，临街，铺着灰色的旧木地板。街道上传来汽车声和行人的言语声，

几棵大树的枝叶蔓延过来，挡住一小块光线，形成一片阴影。天台上的花草沐浴在阳光中，尽情地舒展着藤蔓，十分茂密。两只小狗在笼子里汪汪地闹着，期待主人能放它们出去多玩一会儿。就这样一个小小的天台，不必多么漂亮，不需要多美的风景，只拥有都市里一小块完整的天空，却是繁华中最浪漫的栖息之地。看得见大树与蓝天，听得到犬吠与鸟鸣，低头是车水马龙，回眸处年华似锦。

老板端着一杯特调的冰咖啡上楼来了，日晒耶加为底，打匀清香的百香果泥，加几片新鲜薄荷叶，能喝出阳光的味道来。随咖啡赠送的巧克力曲奇甜而不腻，于是忍不住加了一份芝士焗土豆做下午茶的零食，一段悠闲自在的午后时光就这样柔软地展开，每个人都会沉醉其中，忘乎所以。

拿着冰咖啡趴在阳台上看大街上的风景，脑袋里空空什么也不想，只有一句禅师的话浮上心头："不是息心除妄想，只缘无事可思量。"

📍 饮品店资讯

地　　址： 厦门市思明区厦禾路19号114招商银行旁边

电　　话： 18059216360

人均消费： 100元

特色推荐： 单品咖啡、香草卡布奇诺、焦糖布丁

伊叶家阁楼吧

——奶茶里装的故事

许多人都是在去吃1980烧肉粽的路上发现了中山路那家伊叶家阁楼吧，喜欢奶茶的人很难不被他家的招牌吸引，就像喜欢榴梿的人看到了『猫山王』三个字。伊叶家对外宣传的说法十分高调，『伊叶家的奶茶，也许是厦门最好喝的』。

伊叶家的奶茶做得很精致，却也很贵，虽然心里未必认为值得，但却又会情不自禁喜欢上这家店。主人伊叶不一定在，但满屋子都是她的痕迹，而那才是伊叶家特别的气质。

◆ 饮品店特色

◆ 精心制作的几款招牌奶茶，口感新鲜
◆ 墙上的摄影作品都是伊叶的杰作
◆ 面积不大，但环境清新舒适

谁是谁的风景

知道伊叶家阁楼吧是个偶然，也是必然。它很高调，自信地宣称自己的奶茶也许是厦门最好喝的；它很聪明，两家店铺都开在厦门知名的老字号小吃附近。

大中店在月华沙茶面旁边，我刚好走到附近，找了一圈却未果。想起中山路店也不远，旁边是1980烧肉粽，便寻了过去。伊叶家的外部用的是冷色调的青瓦色，加入木头和植物的元素，整体便清雅幽静起来。

店铺很小，有两层。临街的地方有一个木质吧台，可以坐两三人。窗台的位置放着一排小小的招财猫和红衣的日本娃娃，不锈钢桶装着的绿叶植物点缀出不一样的清新气质。伊叶家整体的设计给人一种清冷的情调，或许主人为了中和这种曲高和寡的意境，在每张桌子上都放上了憨态可掬的陶瓷动物玩偶。临街吧台上放的是两只长颈鹿，一左一右，打破了单一的冷感，增加了一分温暖的甜美。

这一带是步行街，坐在街边喝奶茶是很惬意的事，下午晒太阳再合适不过。阳光刚好懒洋洋洒在背上，面朝店内的新鲜水果，心情不由自主地放松下来。那块写着最好喝

这句广告词使得许多人特地找上门来

奶茶的木头招牌是很吸引人的，路过的行人纷纷投来好奇的目光。我格外喜欢这种街头风格的小咖啡馆，亲切，自在，无拘无束。坐在街边看路人来往，路过的人看你坐在街边，彼此都是别人眼中的风景。这让我想起林清玄曾写道："我只有十七岁时，正是站在桥上看风景的年纪。转眼之间，三十岁，我已是站在楼上看风景的人。"

记录岁月的情怀

遗憾的是，去的那日阁楼没有开放，好在一楼的位置虽然有些狭窄，但氛围却让人轻松愉悦。楼下室内也仅有一排靠墙的木桌，墙是最原始的水泥墙，做旧成黑影斑驳的样子，更透露出主人的高冷情思来。桌子上的陶瓷猫头鹰依然很有趣，但更吸引人的是粗糙的水泥墙上挂着的几十幅黑边相框。相框里的照片也都是黑白色，都是主人伊叶的摄影作品，写上了编号，讲述了每一张照片背后的故事。照片的内容都是伊叶在旅行的过程中记录下的不同城市的刹那光影，有上海的棚户区、洛阳老旧的理发店、西安夜色里的鼓楼……伊叶的文笔很出色，经她文字诠释过的照片都有着让人难忘的气息，伊叶细腻的内心展露无遗。

伊叶还在光秃秃的水泥墙上贴着一张纸，字写得很漂亮，纸上这样写着："当你看到这些照片的时候，我也许不在店里。我是伊叶。你看到的这些照片，是我2011年至2013年走过的地方。现如今，大部分的地方，都已消失。转身之后，背后的一切，就陷入黑暗。按下快门那一刻，即是诀别。光影刹那，自此永恒……"

有了这些照片与文字，伊叶家变得特别起来，简单的设计中蕴含了这样的情怀，斯是陋室，惟吾德馨。许久以后，我或许想不起伊叶家奶茶的味道，但绝不会忘记这一墙记录岁月的光与影。

1｜2　　1. 一楼仅有一排长桌的位置，却也坐得舒适　　2. 老板是个摄影爱好者，墙上都是她的作品

愿君莫负韶光

伊叶家的招牌自然是奶茶，根据冷热不同的选择，奶茶品类各异。我喜欢喝冰奶茶，店员便向我推荐了原味的老爸奶茶。据说伊叶家冰奶茶的特色是不加冰块，奶茶现煮好后放入密封的铁罐里冰镇，需要等待十多分钟。奶茶价格有些贵，大多数都是30多元一杯，并且很小一杯，一杯奶茶大约只有两份Espresso的分量。伊叶家也卖鲜榨果汁和咖啡，不过来的客人大部分都是冲着招牌奶茶来的。

我是一个资深奶茶爱好者，喝过许多地方的许多种奶茶。客观地讲，伊叶家的奶茶对我而言应当不会是厦门最好喝的奶茶，而且价格也的的确确偏贵，但是伊叶家自有它与众不同的地方，在繁华的中山路附近逛累了，这里大抵会是极为惬意的小憩之地。虽然不能说伊叶家的奶茶多么让人惊艳，但是做得认真与用心是必然的，奶泡打得极细，黏滑香甜。

即便只为那一墙的照片，到伊叶家坐一坐也是有意义的，更何况还有一杯足够让人满意的现煮奶茶。伊叶家整体氛围所流露出来的那种挡不住的文艺气息，适合一个人坐在那里发呆，静静欣赏照片里的那些故事，暂时忘却身在何方，就如同墙上伊叶写的另一句话，"愿君，活在当下，莫负韶光"。

📍 饮品店资讯

地　　址： 厦门市思明区中山路351号（中山路店）
人均消费： 40元
特色推荐： 伊叶奶茶、老爸奶茶

兰厝咖啡
——家门口的浪漫

到一个新的地方旅行，寻觅小店是十分有意思的事情。在寻找那些藏在市井深处的隐秘小店时，往往会让人偶遇许多惊喜，像是一个深入当地人文世界里的记者，收集到关于那个城市真实生活的点点滴滴。

在寻找兰厝咖啡的路途中，我便无意间深入了藏在繁华闹市区里的那些厦门平民小巷，狭窄、四通八达，使人摸不清方向，恰恰因为如此，旅途才变得充满了未知的探索，具备了无限的可能。

◆ **饮品店特色**

- ◆ 小小的一家文艺范儿咖啡馆
- ◆ 有号称全厦门最好吃的舒芙蕾
- ◆ 在闹市区的小院子中，很隐蔽
- ◆ 露天院子里充满人文风情

世间最美舒芙蕾

最早对舒芙蕾的印象来自于亦舒的《喜宝》，文中有句对白，"你之所以给这个男人做这道甜品，说明你已经不自觉爱上了他"。懂甜品的人会认为舒芙蕾是最难做的，它诞生那日起，便是为了在红尘俗世中浮夸炫耀，如蜜糖般甜美，却又如空气般虚无。

将兰厝咖啡作为探店的目标自然是因为他家的舒芙蕾，无法考证究竟是谁最早传出的消息，说厦门最好吃的舒芙蕾在这里。我不能断言这里一定便是厦门最好吃的，但做得算是用心，小小的心形容器里膨胀出来的像云朵一样的甜点，是世界上最稍纵即逝的浪漫。

丰盛的小天地

兰厝咖啡开在一个大院内，里面还住着不少寻常人家。兰厝咖啡棕色的门窗与墙砖

1		4
2	3	

1. 藏在一个隐秘的院子里，却是一段文艺的传说　　2. 每个客人都是为着舒芙蕾来的
3. 传说中厦门最好吃的舒芙蕾　　4. 咖啡馆里的开放式厨房

在朴素的院子里显得格外文艺，室内的面积很小，只容得下三桌客人，但布置得清新自然。以木头、花砖、石膏、植物为主要元素营造出的氛围，有一种素净的恬淡气息。

兰厝咖啡虽小，但细节处的装饰却极为丰富。狭窄的木柜上堆砌了好几排漂亮的马克杯和精致的茶具，墙上的木框内是有趣的照片和五彩的写字笔，小木桌上的干花花瓶下压着一本《香蕉哲学》。各种元素的自由组合散发出天马行空的创造力，令兰厝咖啡有了属于自己的灵魂气质。

大院内的人文情调

最爱兰厝咖啡里正对落地窗的位置，木头桌椅下放着好几盆植物，角落里白色的大花瓶里插满了薰衣草的干花，几本书随意地放在身后的位置，供客人翻阅。坐在这里，可以毫无阻隔地打量院子里的景象，坐在露天座位上喝咖啡聊天的客人，或是放学后嬉

戏玩耍的孩子。

　　兰厝咖啡所处的位置决定了四周环境的亲切感，能够近距离欣赏属于厦门独特的市井人文气息。日落西山暮，大院内居住的人们陆续归家，路过兰厝咖啡时都情不自禁地看一眼——这家开在家门口的小咖啡馆，为他们平凡的生活添加了不经意的人文情怀。

饮品店资讯

地　　址：厦门市思明区思明西路天一楼巷21号院内
电　　话：0592-5170670
人均消费：50元
特色推荐：原味舒芙蕾、木糠蛋糕

曼陀铃咖啡
——亚平宁半岛的古典风情

关于曼陀铃咖啡，西堤湖岸上有不同版本的传说。有人说是一个意大利小伙子开的，有人说女主人是到意大利旅行时迷上了曼陀铃的琴音。然而大家同时又都很遗憾地表示，现在的曼陀铃咖啡似乎换了主人，失去了之前那种原汁原味的意大利情怀。

作为偶然路过的旅人，我没有办法去一一证实这些传说，唯一能确定的是，即便或许换了主人，但曼陀铃咖啡最吸引人的地方依然，那便足够了。

◆ 饮品店特色

◆ 二楼的单人小阳台是最适合发呆的地方
◆ 许多细节上透露出意大利的复古风情

古典的音乐情怀

曼陀铃咖啡藏在一片郁郁葱葱的植物中，只露出缝隙间的红色砖墙，仔细留神端详，才能看清小小的"曼陀铃"字样。曼陀铃是意大利语中"杏仁"的意思，只因这种能发出空灵、细碎、干净的古典声音的乐器长得像一颗标准的杏仁。

了解这个名字的情怀，大致也便能推测这家咖啡馆的意大利风情。树荫与路灯，白墙与黑木，红花点缀中的曼陀铃咖啡在冬季的午后被阳光笼罩，吸引了许多来晒太阳的客人。

静止的远方风景

二楼的小阳台是最吸引我的地方。阳台被隔成两个区域，一边可以坐四五位客人，另一边则属于单人的区域。木头的地板，藤编的茶几，舒适的棕色布艺沙发，迎着满眼的湖光山色，阳光懒洋洋地洒在人脸上。

小阳台的铁艺栏杆带着一丝包豪斯风格，把自己隐身在阳台上这小小的角落里，可

绿树丛中的古典咖啡馆

以听到隔壁客人在热闹地聊天，却只闻其声不见其人——阳台被石台和花草隔断，彼此看不到旁边的邻居。

这私密的空间里却有着最开阔的视野，蓝天下的高楼，海水边的绿树，像是一幅静止的写生画作，被阳台上的人尽收眼底。

慵懒的惬意人生

曼陀铃咖啡的室内充满了意大利古典风情的元素，古罗马斗兽场的图画、武士的盔甲、复古的壁灯、金色的盾牌，共同酝酿出不一般的情调来。咖啡馆的主人必然是热爱意大利文化的，红酒与意大利面，角斗士与足球。

宽敞宁静的室内空间里放置着舒适的多人沙发，厚重的窗帘阻隔了室外耀眼的阳光，沙发上的抱枕让人情不自禁想睡个好觉，却又忍不住抬头欣赏红砖墙壁纸上挂着的AC米兰海报。楼梯处还有一个木板铺地的小平台，主人种满了各种茂盛的花草，粉红色的小花从古旧的陶罐里长出来，带着最清新的自然气息。

1 | 1. 一个人的阳台风光　　2. 老板是米兰球迷几乎毫无疑问——曼联球迷留
2 | 3 | 3. 二楼安静的角落

也许主人真的已经离开，但留下来的痕迹还依然令人怀念，喜欢意大利式慵懒生活的人，不应错过属于曼陀铃咖啡的午后时光。

📍 饮品店资讯

地　　址： 厦门市思明区西堤别墅咖啡一条街111号

电　　话： 0592-5150378

人均消费： 80元

特色推荐： 意大利面、抹茶拿铁

拾膳咖啡
——繁华近处的禅意

拾膳咖啡是庆福寺旁边的一家素食咖啡馆，身处闹市区，却又恰好在寺庙旁，正如红尘烟火中的一股清泉，出世入世间，静看沧桑。拾膳咖啡最早的主人是一位黄姓的阿婆，跟随丈夫远嫁台湾，80岁回到厦门，在庆福寺旁开了一家卖素食的小店，取名「拾膳」，意为拾起人心中的善念。

每次坐车经过博物馆路时总会看到路边的这家咖啡馆，门口贴着的「看书问路」四字打动了我，总觉得这四字用在人的一生亦可，所谓禅意，不过如此。

◆ 饮品店特色

◆ 闹市中的清净地
◆ 提供招牌素食沙茶面和素肉粽
◆ 室内的假山和水池颇有意境

旧故里草木深

这条路是厦大至中山路的必经之路，繁华热闹自不必说，旁边更是有环境清幽的庆福寺和可步行而至的南普陀。这样的位置能有一家街心公园已是不易，更何况在公园绿树红花的遮掩中，还藏着一家木头搭建的素食咖啡馆。

每次路过时总是想进去坐坐，仿佛这里就是专为疲惫的路人提供歇脚的地方，终于等到一个阳光灿烂的日子，闲庭信步地逛了过去，清风鸟鸣，旧景曾谙。

繁华深处觅清凉

整个咖啡馆都是木制的，室内的隔断是几张草席帘子，清雅自然。入口处一眼能看到的假山石巍巍然而立，假山上有寺庙、凉亭和僧人挑水的木桶。假山石下是水草，长在碧波荡漾的水池里，水面上漂着浮萍。这眼前的景致仿若入了山门，身后的一片繁华就这样落幕，只剩满心清凉。

1 | 2 | 3 / 4

1. 寺庙旁的文艺情怀　　2. 墙上清新的摄影作品　　3. 咖啡馆中间的石山
4. 室内的鱼池令人惊叹

　　角落处的玻璃反射出耀眼的阳光，挂在墙上的全家福老照片讲述着曾经的故事，照片下的深棕色的旧瓶里，百合花开得正艳，扑鼻而来的清香使人沉醉。关于老主人的历史还记录在高墙上，而时光让一切都物是人非。

随缘落地生根

　　拾膳咖啡最有名气的是素七宝沙茶面和素肉粽，许多客人慕名而来，饭点的时候咖啡馆里往往坐满了人，一座难求。我去的时候客人已陆续离开，服务生懒洋洋收拾着桌子，不像是在工作，而仅仅是生活。

　　最大的木桌上有一块根雕底座，里面铺满白色的碎石和深褐色的松果，一尊小小的僧人像静坐其中。根雕旁的水仙花冒出了花骨朵，凑近去闻，清香浮动。木桌正对的墙上挂满了文艺气质的摄影作品，照片中美丽的少女活在某段灿烂的岁月中，永不衰老。

有人说拾膳咖啡不像咖啡馆，更像台湾的茶室，我点了一杯黑咖啡坐在窗口晒太阳，心里却赞同这一点评。这是一个随性偶遇的地方，来或不来，只看缘分。

📍 饮品店资讯

地　　址： 厦门市思明区思明南路457号之二
电　　话： 0592-2570723
人均消费： 40元
特色推荐： 沙茶面、素肉粽、烧仙草、星冰乐

私奔咖啡
——只想贩卖诗意

私奔咖啡是厦门的老品牌了，最大的一家在映碧里一1号别墅。每一家咖啡馆或许都会说自己经营的是梦想，但能够像私奔咖啡这样将梦想经营得那么真实又梦幻的却不多。

私奔咖啡的名字或许来源于一场灵魂的叛逆，对苍白现实的厌倦，渴望生命的活力在路途中获得重生。在私奔咖啡里会找到许多温暖的语句，每一句，都像是诗人的诉说。即便这里有朝一日不卖咖啡，想必也不会停止对诗意的贩卖。

◆ **饮品店特色**

- ◆ 某些时间段可以喝到冠军咖啡师的招牌咖啡
- ◆ 服务态度非常好，这在品牌咖啡馆里不多见
- ◆ 咖啡的制作十分专业，品质极高
- ◆ 许多饮品都有自创的美丽名字

你若不来，叫我如何老

在繁华的中山路上偶遇私奔咖啡的一家店，咖啡馆在楼上，底楼的门极窄，竖着一块棕色的木牌。木牌上写着这样一句话，"你若不来，叫我如何老"。我站在炽热的阳光底下，突然便被这句话定住了脚，光影洒落在脚边，像是岁月的暗号，唤醒一个梦中的旅人。

于是情不自禁地上了楼，仿佛是一种前世今生的约定，有人在等你，与你相约一场关于生命的私奔。水泥地、落地窗、旧木桌与留声机，与每一个咖啡馆一样，却又那么不同。私奔咖啡仿佛有一种魔力，召唤着灵魂的归宿。

在私奔的路上，梦想是唯一行李

"在私奔的路上，梦想是唯一行李"，这是写在菜单上的一句话、一句诗。菜

清新舒适的环境，确实让人不想走了

单上罗列了关于梦想的美丽名字，"雾语莲知""末了末了""似是而啡""杜鹃再现"……私奔咖啡的主人一定是一位生活的诗人，才懂得用咖啡的醇香，谱写无声的诗的篇章。

或许有一生，我们曾做过11世纪的游吟诗人，有着十字军的尚武精神与优雅的骑士风度。我们的职业消失在漫长的历史长河中，我们的灵魂如今却由关于一杯咖啡的记忆来复苏。

私奔咖啡有自己的冠军咖啡师，特定时间段她会到店里向客人传授制作咖啡的技巧。让客人在一杯咖啡的制作中体验诗意，是私奔咖啡的秘密。

"灿烂千阳"抑或是"一场烟花"

这句话写在私奔咖啡的网站上，或许是两款咖啡的名字，也或许是主人描述的两种人生状态。我去私奔咖啡的那日，是厦门冬季里温暖的一天，阳光透过落地窗，将临街的座位都烤得发烫。服务员体贴地询问是否要将窗帘放下来，我摇头——惧怕寒冷的我一贯迷恋阳光的热量。坐在私奔咖啡的一角，喝着新鲜的玫瑰花茶，看中山路上人世繁华，当下一刻，于我便是"灿烂千阳"。

1 | 2
3

1. 一壶红茶，一片明媚阳光　　2. 去的那天阳光明媚，此情此景一切刚好
3. 在合适的时间，可以与冠军咖啡师相约在这里煮咖啡

　　偶遇的终将要离别，虽然咖啡馆里写着"不止私奔，私奔不止"，但我们终究要在梦幻中醒来，无法遂愿地"私奔到月球"，于是留恋不舍地下楼，与私奔咖啡告别，告别这冬日里最美的"一场烟花"。

📍 饮品店资讯

地　　址：厦门市思明区中山路115号四楼（中山路店）
电　　话：0592-5325552
人均消费：40元
特色推荐：各种特调咖啡、榴梿芝士蛋糕

仙草南路
——繁华中的月光曲

仙草南路是一家台湾连锁甜品店，据说厦门中山路这家是开在大陆的第一家旗舰店。第一次来厦门的时候便看到它在那里，那时并没有走进去，因为我所住的城市里也有几家，但或许是水土不服，那几家后来陆陆续续关了门，于是再次在厦门与它相遇，便分外想念起来。

如今这个时代，许多店都想尽办法提升自家饮品的名气，名气大了，价格也就高了。而仙草南路却一直有着最好喝的仙草奶茶，并且多年不涨价，也很少见它夸奖自己。

◆ 饮品店特色

- ◆ 中山路的核心区域
- ◆ 店内设计清新文艺
- ◆ 楼上有室外花园
- ◆ 仙草汁和仙草奶茶性价比极高

亲切的仙草

我是在一个夜晚去的仙草南路，中山路的夜色霓虹闪烁，仙草南路深绿色的招牌显得格外自然。一楼灯火通明，坐满了人，来仙草南路的客人大多是来吃烧仙草的。浅色的地板，深色的木桌与皮椅，墙上挂着一排排绿色植物，简约美式风格的花槽，素雅文艺。

烧仙草在其他地方还能吃到类似的味道，但仙草南路的仙草汁和仙草奶茶是独一无二的，并且价格便宜。夏日里叫一杯仙草汁，像是一大杯深黑色的可乐，光是卖相便让人感到清爽惬意。

月色小夜曲

夜晚时分，仙草南路的二楼人很少，格外安静。最喜靠窗的位置，窗外是个小阳

他家的招牌在思明南路上十分耀眼

台，放满了绿色宽叶的盆栽，使人的心情不由自主地安静下来。夜风从窗口吹过，捎来虫鸣声，真难以相信，此刻身处在最繁华的中山路上，恍神间，仿若在森林的小屋里。

二楼还有一张宽大的吧台，淡黄的灯光，木头的桌面，不锈钢的高椅，可以围坐十来人，是年轻人聚会时最喜欢的位置。年轻人嘻嘻哈哈的笑声驱散了夜色中的寂寞，月光透过窗口洒进来，一室皎洁。

夜朦胧，诗意深

最让人惊喜的是楼上的室外花园，谁也没想到，热闹喧哗的步行街中心会藏着这样一个宁静的院子。花园四周围上了铁栏杆，栏杆上挂满了各种各样的花草。四个角落的柱子搭起了原木的花架，柱子下方的灯光昏黄，光影洒在花园的瓷砖上，一片幽静。

仙草南路的设计主调一贯是美式小清新风格，不想花园里却有着中国古典的诗情画

二楼靠窗的位置看得到天台上的小花园

意，月色黄昏下仿佛必然有暗香浮动，才符合眼前"永夜不欲睡，虚堂闭复开。却离灯影去，待得月光来"的意境。

📍 饮品店资讯

地　　址： 厦门市思明区思明南路1号之118（中山路旗舰店）

电　　话： 0592-2055050

人均消费： 20元

特色推荐： 仙草汁、仙草奶茶

仙踪林
——城市里的绿野仙踪

世界上很多城市里都有仙踪林，原本无须在一本介绍厦门的游记里特意提到它，但是作为与台湾隔海相望的这座文艺范儿城市，传说中有许多好喝的奶茶，但真正做台式奶茶到专业水平的，无非春水堂和仙踪林这两家。

厦门的仙踪林在激烈的竞争中，或许已不再是当年以奶茶为招牌的清新自然的饮品店，但是总有些情怀让人难以忘记。记忆中的仙踪林，就是青春岁月里美好的夏天。

◆ **饮品店特色**

◆ 清新的绿色是仙踪林的招牌色
◆ 地道的台式奶茶是无法复制的经典
◆ 很多人童年中最文艺的记忆
◆ 奶茶的性价比很高

逝去的童话

我看到有厦门的网友回忆对仙踪林的印象，那时还在中山路上，当咖啡馆还是很罕见的存在时，仙踪林就在那里绽放过最美的模样。那一年，人们还不富裕，仙踪林里卖20元一杯的奶茶，对于大部分人来说是难以接受的高昂价格。那个时代的仙踪林，是许多城市最文艺的饮品店，店里的秋千座椅让许多人迷恋。

想想看，外面小店里的奶茶还在卖一元钱一杯，若是可以到仙踪林喝杯奶茶，那是一件很小资的事情，再也没有地方比那里更有情调了。过去的仙踪林，美得像一个童话，如同它自己的定位那般——城市里的绿野仙踪。

珍惜一种情怀

如今这个时代，文艺的小资情调的咖啡馆、奶茶店几乎满大街都是，再也没有什么

开在商城里的奶茶店

稀奇，彼此之间争先涨价，在厦门，50多元一杯的咖啡也不算特别。可惜再也没有一家店，能带来过去的仙踪林所赋予一个城市的青春记忆。那种对于生活最梦幻的情结，只属于那个时代、那段岁月。

如今仙踪林的奶茶也不过涨了几块钱，二三十元的价格已没有任何标杆的意义，当一大杯奶茶端上来时，我心里涌起一股淡淡的惆怅。我珍惜它的存在，如同珍惜好久不见的老友，感觉那么熟悉，彼此却已老去。

谁是谁的快乐天堂

我还记得十多年前的时候，无论是在北京、广州、厦门还是成都，仙踪林都是我最常去的奶茶店。在一个阳光明媚的午后，打包一杯冰奶茶，到电影院看一场一个人的电影，再也没有比这更华丽的时光。一点点奢华，一点点任性，无法复制的愉悦与快乐。

我还能想起仙踪林的主题曲，每天下午四点多的时候，店长会带领服务生唱歌，有一句歌词是，"这是一个神奇的地方，那是孩子们的快乐天堂"。或许时光荏苒中，如

$\frac{1}{2}$　1. 店里人太多，只好拍下角落里的一景　2. 仙踪林在我记忆中的颜色就是一片清新的草绿

今的孩子们不再需要这样的天堂，可是我总还是会怀念，怀念那一片嫩绿色的清新奶茶店里再也不会回来的似水年华。

📍 饮品店资讯

地　　址：厦门市思明区嘉禾路399号SM新生活广场红宝石2楼C219铺

电　　话：0592-5232520

人均消费：35元

特色推荐：招牌奶茶、黑钻珍珠、炸豆腐、木糠芝士球

餐厅
CANTING

老别墅西餐馆
——养在深闺亦有人知

老别墅西餐馆是在厦门开了十多年的老店，在当地食客中大有名气，常常被评为厦门西餐厅中的第一位。老别墅西餐馆在厦门有两家店，打动我的只有白鹤路上那家首店，因为它的魅力并不仅仅在于美食，还有独一无二的自然环境赋予它的沧桑魅力。

白鹤路上的老别墅西餐馆，带给食客的不仅是一段短暂的用餐时光，还有穿越时代的复古情怀，令一个平凡的午后变得与众不同，从此无法复制。

◆ 餐厅特色

- ◆ 享有盛名的厦门西餐厅
- ◆ 带有民国风情的文艺情调
- ◆ 味道地道的西餐
- ◆ 可以晒太阳的室外花园

一场时间的旅行

我和鼓浪屿上的一位客栈老板聊起老别墅西餐馆时，她有些诧异。我说喜欢它的宁静与复古，她问："不是人多得无法清静吗？"我愣了半秒，笑了，原来我运气真好，去的那日正是时候。

事先打电话咨询过老别墅西餐馆春节放假的时间，然后赶在放假前的最后一天去了。那时已过了中午正常的饭点，成为当日最后一位午餐客人，因此，我看到的老别墅西餐馆，远不是平日里客人接踵而至的景象，而是安静得像三月的风，只有树上的鸟鸣打破空寂。

白鹤路藏在中山公园附近一条偏僻的小道上，爬上十多级石阶，会看到一面古朴的红砖墙。红砖墙与一棵参天大树的树根交错盘结在一起，阳光透不过茂密的枝叶，只在

	2	3
1	4	5

1. 错综复杂的古树根下，便是他家的招牌
2. 一杯清茶、几缕阳光，这才是老厦门的情怀

细小的缝隙间投下斑驳的影子。"老别墅西餐馆"几个字歪歪斜斜地写在一块木板上，旁边是二楼米仓日本料理更为醒目的招牌。

　　进门便能看到花园里石子拼成的漂亮桌面和透明花瓶里深红浅红交织的芍药，老树的枝丫遮盖住了整个小花园的天空，垂下细密的树根，与大门处的石雕呼应出岁月的淡淡忧伤。拐个弯会看到临街一排的室外桌椅，一根根笔直高大的树干成为自然的栏杆。树冠的那头是两层楼的民居，矗立在一条宁静的小道中，保留着古早味的厦门气息。

　　这是一场跨过光阴的旅行，仿佛整个世界退回到百年前的岁月，没有刻意复古的痕迹，一切那么自然，仿佛时光从未流逝。石台上的陶罐里插满了枯枝，像是妙手而成的艺术品，记载着民国时代特有的华丽而忧伤的故事。

一缕岁月的幽香

　　室内有一条幽暗的走廊，墙上的画框里记载了厦门的百年岁月，棕色陶瓶里插着漂亮的孔雀翎，油画中的兰花绽放出惊艳的一刻。马赛克铺成的墙面充斥着古典的气质，六层的老木柜上挂着巨大的金属锁和叫不出名字的农具。

3. 老别墅西餐厅吸引人之处，在于往日岁月沉淀出的幽静
4. 浓郁的民国情调是老别墅西餐厅最大的魅力　　5. 这不像一家餐厅，更像某个世家的客厅

　　棕色与青蓝交织的复古地砖营造出民国时期特有的文艺情调，长桌椅上端正地摆放着金属的烛台。厚重遮光的窗帘在这个午后被卷起来，让灿烂的阳光透过玻璃，折射出一室的光与影，像是模糊了的底片，洗不出更清晰的轮廓。靠墙的酒柜上摆放了各种红酒，只待戴着白手套的侍者将其唤醒，与那位刚好欣赏它的客人，共消彼此的万古愁。

　　有一侧墙上挂着古老的黄铜镜子，反射出餐厅内部的装饰，像是封锁在镜像中的古画，典雅而高贵的气息难以抹去。连门上的花色玻璃也是讲究的，与地上的花砖颜色互补，越发显得岁月静好。

　　服务生安静地进来，点完单后沉默地退出，把整个室内的空间留给了我一个人。在这短暂的时光里，我俨然成了这古老别墅里的主人，在某个闲适的午后，惬意地享受着人世浮华中的一份难得的安宁。

　　如果要去老别墅西餐馆，务必选择一个客人极少的时间，只有在这样的氛围中，才能感受到属于它的韵味、它无法复刻的情怀。如果没享受过这份属于老别墅西餐馆独有的清净惬意，便很难懂得厦门真正的魅力在哪里，那是一份历经世事磨砺的文化沉淀出的芬芳，带着岁月的幽香。

1 | 2 | 3   1. 羊扒套餐性价比较高   2. 芝士浓汤味道不错   3. 这是我吃过的最好吃的鸡肉沙拉

一幕无声的戏剧

传说中，老别墅西餐馆的主人是一个犹太人，重金挖来的大厨在好莱坞开有自己的餐厅，每季会定时飞到厦门来把控老别墅的菜品品质，并根据食材研发新菜式。这样的条件下，老别墅西餐馆的菜品自然价格不菲，最普通的牛排也在200元左右一份。中午的羊扒套餐算是性价比较高的，羊扒味道一般，让我有几分失望，好在土豆泥做得地道，算是勉强合格。我的失望并没有持续很久，套餐里配套的鸡肉沙拉让我彻底惊艳了，所有的遗憾都得到了弥补。

毫无疑问，如果要我选出这一趟20天的厦门旅行中我最喜爱的食物，便是这份鸡肉沙拉。我把羊扒弃之一旁，这一大盘的鸡肉沙拉却被我吃得一点不剩。套餐里的西式浓汤味道也很香浓，但饮料不是他家的长项，赠送的咖啡在厦门不算出色。

在我用餐的时候进来一位少女，服务生轻声告诉她，厨师中午已经下班。少女说没关系，她只是来吃一份下午茶，然后在窗外的花园里坐下来。那一天的阳光格外明媚，照耀在少女的头发上，泛出金色的光泽。少女安静地坐在花园一角，低头看着书，身后树影斑驳。偶尔有一阵清风吹过，带来几声清脆的鸟鸣。

眼前的这一幕像是一出没有台词的戏剧，演绎着厦门市井小巷里深藏的优雅历史。岁月流逝百年，但代代人生只相似，这眼前的少女，何尝不是具备了厦门慵懒生活最典型的象征意义。

📍 餐厅资讯

地　　址：厦门市思明区白鹤路10-1号(中山公园店)

电　　话：0592-2044358　0592-2041208

人均消费：200元

特色推荐：肉眼牛排、鸡肉沙拉

咱厝餐厅
——都市中的田园风

中山路上聚集了厦门最地道的美食，可是在夜色中大部分都关门掩去了身影，满街的霓虹闪烁中，只有咱厝餐厅红色的灯箱格外惹人注目。咱厝餐厅环境舒适幽雅，无论是一个人的旅行或是三五好友相聚，氛围都是刚刚合适。招牌上的"萝卜焖饭"四个字足以令饥饿的行人垂涎，而对于旅途中的游人而言，试试这份闽南最地道的家常主食也是不容错过的选择。

◆ 餐厅特色

- ◆ 当地知名品牌旗下小资风格餐厅
- ◆ 餐厅环境安静舒适，开放式厨房让人安心
- ◆ 菜品分量少，价格便宜
- ◆ 招牌萝卜焖饭是必吃的主食

乱石村边合

咱厝餐厅在中山路一座商场的三楼，入口处复古砖墙与旧式壁灯的设计营造出沉稳的艺术感。玄关的角落铺满了白色的碎石子，青色的瓦缸中插着枝丫蔓延的枯树枝，四周随意散乱着石头与石槽，若是有水，那就是浑然天成的"清泉石上流"，现在则更像是一幅古朴的乡村风韵剪影。

进门一眼便能看到极长的原色木桌，在青色石板和木板的衬托下散发着清冷的古韵。桌面上突兀而生的枯枝上挂着黄色的彩灯，晕染出一片朦胧的光影，光影中的人们享受着觥筹交错的愉悦。

邀客至田家

咱厝餐厅的厨房是开放式的，客人可以正对厨房而坐，看着厨师忙碌的身影。厨房

开放式厨房让客人吃得很放心

1 | 2 | 3　　1. 崇武鳗鱼卷的味道很不错　　2. 萝卜焖饭是餐厅的招牌美食
　　　　　　4. 盐酒山地鸡的分量一个人也能吃完

边那一排古色古香的木椅格外别致，靠背是一整块狭窄的木板，木板上还保留着模糊的年轮。为了让客人坐得舒服，绑了各式花布的靠枕在木板上，组合成典雅的乡村田园风。

一个人来时最好的位置是靠着落地窗，木桌的下方歪歪斜斜支出一根粗犷的木枝，两块光滑的巨石旁边散落着数不清的碎石子。优雅与古朴，小清新与原生态，两种截然不同的气息在这里完美地结合，成了繁华中山路上一处隐藏的归园田居。

把酒话桑麻

萝卜焖饭是厦门附近泉州的地道家常主食，被"舌尖上的中国"推荐后成了游客们的新宠，这也是咱厝餐厅的招牌菜。餐厅最让人欣喜的是提供了不少一人份的闽南特色小吃，崇武鳗鱼卷和安溪咸笋包都大受欢迎。

"咱厝"是闽南的方言，大意便是"咱们村儿"，这样一个亲切而质朴的名字却隶属于当地高端餐饮品牌"临家"旗下，保证了咱厝餐厅的环境与服务。

与临家餐厅保持一致的细节是，咱厝没有提供茶水，而是准备了新鲜营养的"米汤"，在文艺清新的情调中保留着一丝闽南农家的自然与淳朴，带着家的暖意。

📍 餐厅资讯

地　　址：厦门市思明区思明南路118号老虎城3楼（老虎城店）

电　　话：4001818666

人均消费：50元

特色推荐：萝卜焖饭、盐酒山地鸡

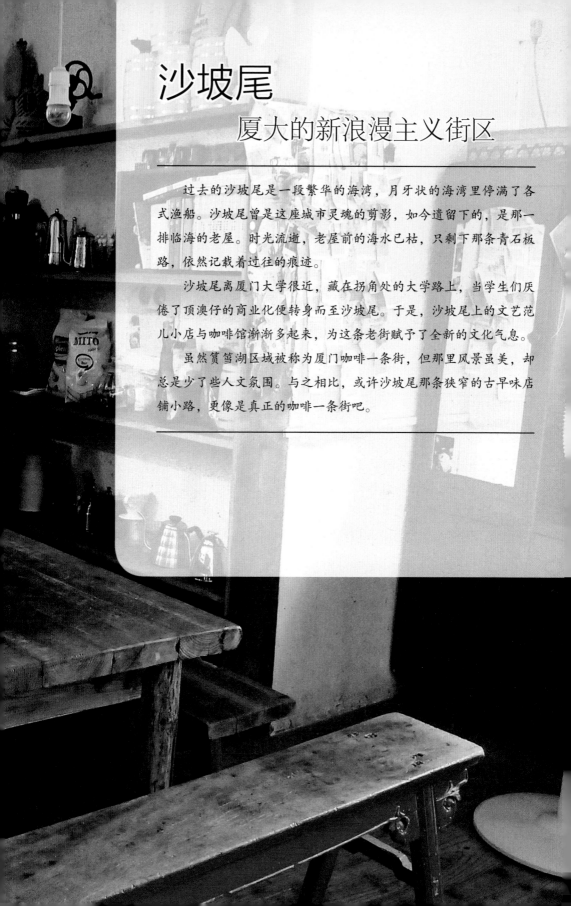

沙坡尾
厦大的新浪漫主义街区

　　过去的沙坡尾是一段繁华的海湾，月牙状的海湾里停满了各式渔船。沙坡尾曾是这座城市灵魂的剪影，如今遗留下的，是那一排临海的老屋。时光流逝，老屋前的海水已枯，只剩下那条青石板路，依然记载着过往的痕迹。

　　沙坡尾离厦门大学很近，藏在拐角处的大学路上，当学生们厌倦了顶澳仔的商业化便转身而至沙坡尾。于是，沙坡尾上的文艺范儿小店与咖啡馆渐渐多起来，为这条老街赋予了全新的文化气息。

　　虽然筼筜湖区域被称为厦门咖啡一条街，但那里风景虽美，却总是少了些人文氛围。与之相比，或许沙坡尾那条狭窄的古早味店铺小路，更像是真正的咖啡一条街吧。

琥珀书店
——治愈生活的平淡

这是一家森女风浓郁的书店，或许源于几位店主都是女性，整体的调性呈现出一种特别的女性化气息，待得久了，怕是情不自禁地醉在这里。与传统书店相比，它的装修设计颇有文艺范儿，有舒缓的音乐、手工作品和可供阅读的书桌。

◆ 书店特色

- ◆ 复古、文艺的森女风设计
- ◆ 有手工作品出售
- ◆ 点饮品可免费看书
- ◆ 店主喜佛学，可手抄《心经》

温柔的距离

我去琥珀书店的那天已是黄昏，眼看太阳即将下山，只能匆匆忙忙拍到一张门口昏黄的照片。店里有三两位客人在看书，店主是个清秀的女孩子，坐在柜台里写字。我指了指谢绝拍照的牌子，悄声问她，可否拍点照片用在书里。她微笑摇头，说是只能用她们拍好的照片。于是我留下邮箱，拜托她春节后发些照片给我。

节后没几日便收到她发来的照片，言辞恳切，给人极有涵养又保持一定距离的感觉。店如其人，我想说的是，琥珀书店恰好带给人的感觉也正是如此，有一点出世的空灵，有一丝入世的暖意。

1 | 2 　　1. 每个人都有属于自己的星球　　2. 一枝绿芽与满室书香

不妨与禅共舞

琥珀书店的整体是原木色的素雅，带一些麻质的装饰，再点缀上清雅的植物，像是误进了一家日本乡下的喫茶店。店主应当是喜爱佛学的，店里能找到不少相关的书籍。我选好书坐下来时天色已经完全暗了，在灯光下随意翻阅明奘法师曾经写下的《圆觉经》讲义，听着书店里播放的轻缓的禅意音乐，禁不住轻叹世事如风。

琥珀书店有自制的黑糖出售，去的那个夜晚格外寒冷，于是点了特色的黑糖红枣茶，小小一口，便把寒意隔离在窗棂外。

唯有书香芬芳

琥珀书店是一家治愈系书店，老旧的桌台和古朴的缝纫机不仅仅是摆设而已，据说有时店主还会教客人一些简单的手作技术。书店是临海的，天气好时，透过玻璃窗望出去，会有春暖花开的灿烂心境。

琥珀书店以旧书为主，配备了少量的新书。现在到书店买书的人越发少了，毕竟网站上的价格要低许多，但是即便不买也不要紧，坐下来，要一壶花茶，静静地看一本书，享受岁月的细水流长。最终什么也不必带走，只留一身书香挥散不去。

📍 书店资讯 ————————————————

地　　址：厦门市思明区中华儿女美术馆一楼靠海一侧

电　　话：0592-2516707

荒岛图书馆@小渔岛书店
——时光带不走的书香

小渔岛书店开启了我对厦门老书店全新的认识。剔除所有浮华的装饰，远离书本之外的附加元素，仅仅单纯地回归到阅读本身，在如今这个时代是一件多么不可思议的事情，然而小渔岛书店便是如此，厦门的老书店便是如此，不在岁月中流失灵魂，坚守着属于阅读的最纯粹的信仰。

这里囤积了数不清的书籍，也囤积了光阴的剪影，踏入小渔岛书店，便像是回到了童年的阅读时光，纯粹简单，一切只与书有关。

◆ 书店特色

◆ 书店虽小，藏书量丰富
◆ 许多书籍都带有岁月的痕迹
◆ 可以委托店主帮自己找想要的书
◆ 提供慢递服务

市井中的书店

《城市画报》是这么介绍开启荒岛图书馆活动的初心的："这里的最高信仰是阅读。我们相信阅读是越界的，是与梦想有关的，是愉悦心灵的，是个人的，是集体的，是代价最低的文化传播形式，是塑造一座城市的精神力量。"荒岛图书馆最早是由《城市画报》组织的一种社区公共活动空间，以民间图书馆的形式打造社区性的公共阅读平台，具有部分公益性质。据说全国许多城市都对这一活动进行了响应，如今遍布全国的荒岛图书馆有几百家。

而在厦门的几家荒岛图书馆里，唯有沙坡尾的小渔岛书店深深打动了我。穿过民族路，进入大学路的街道上，沿途的老房子显露出属于厦门特有的市井气息来。小渔岛书店就那么很不起眼地藏在一个角落里，蓝白相间的雨棚上蒙着一层薄灰，老旧的折叠门刷成了天蓝色。书店没有显眼的招牌，在门上方糊着一张打印出来的纸，写着"荒岛图书馆@小渔岛书店"的字样。好在左右各有一大一小的灯箱，才让人稍微能看清这里就

没有太多商业化的痕迹，有的只是淡淡纸墨香

是大名鼎鼎的小渔岛书店，其次便是雨棚下吊着的一块小木板上写着"书店"二字——这是有二三十年历史的书店才使用的招牌。

在小渔岛书店的门口几乎看不见什么与文艺相关的装饰，只在墙角处放了两盆花，用木栏围起来，木栏已很残破，沾满了灰尘。唯一与文艺扯得上关系的或许只有玻璃上贴着的几张活动海报，然而海报下方却随意摆放着一张三人座的老式木头沙发，浓浓的生活气息掩盖了关于文艺的那点影子。旁边是一家小卖部，主要是给街坊邻居提供杂物零食，一堆小商品挤满了门口的阶梯，就这样以生活最原始的面貌成为小渔岛书店的邻居。

可是正是这样一家市井气的小书店，才唤起了我关于童年那段快乐阅读时光的记忆，才让我惊叹——书店难道不就应该仅仅如此吗？多余出来的那些装饰，何曾与书相关？

书店的古早味

闽南特色的复古瓷砖，普通的木头书柜，书柜里堆满了各种类别的书籍。小渔岛书店的面积并不宽敞，许多书从满屋子的书柜里溢了出来，塞到书柜顶上，或是堆放在角落的地面上，一点也不整齐，完全随性而放。可这样的情景让我动容，这才是我心中曾经对于一家书店的全部想象。

1｜2｜3　1. 不必堆放太整齐，这才是书虫们最爱的舒适阅读空间
　　　　2. 像是回到大学时的图书馆里　3. 各种文字奇妙地组合在这片小小的空间里

如今城市里面的书店再不是这般模样了，现在的书店讲究装修，每一家店都很漂亮、很文艺。气派的书柜、新到的畅销书、可以坐下来看书的咖啡吧、穿戴整齐的店员……似乎每一家书店都该是这样，而我也早已适应了这种类型的书店，并且为能够在舒适的环境里看书感到欣慰。

可是小渔岛书店撞击了这些年来我已固化的关于书店的印象，开启了多年前关于书店最纯真的记忆。书店狭窄的通道里也放着一张木椅，或许可以坐下来看一会儿书，但我猜测那也可能是方便拿书柜顶上的书时踩上去用的。其余便没什么可供坐下的地方，客人们大多就站在书柜旁看书，依然十分投入。书店里并没有太多流行的畅销书籍，诸如网络小说、成功学一类，但在这里，客人们能找到许多已遗忘在岁月里的那些作家们的经典。看到某本书时，大部分人会在心里惊呼——呵，我知道这个作家，只是忘记了！

那些在多年前陪伴过我们的名字一个又一个地重回眼前，仿佛时光突然就退回到童年的那个午后。在小渔岛书店里环顾四周，如此多的好书簇拥着你，那种幸福的感受已经无法用语言来诠释。

岁月的留声机

小渔岛书店也没有穿着漂亮制服的店员，只有一个店主模样的中年男子静静地坐在柜台后面看书。客人来了他也懒得抬头，看书找书大可自便。书店里很安静，没有文艺，没有小清新，但所有人都能感受到那一摞摞、一排排的书籍散发出来的气场，让人心情平和，使岁月静好。

　　在小渔岛书店里，很难不想起童年的时光。那时书店是很稀少的，大部分孩子看书的资源都来自社区附近那家租书的小店。租书的小店大抵就和小渔岛书店一个样子，书不够新，但数量不少。老板也大多是一个中年男子，每次去租书时，都可以看到老板坐在一张藤椅上，津津有味地看着他自己手里那本书。这样的画面像是重播了一遍又一遍，构成了一部关于童年、青春、书店、时光的怀旧电影。如今小渔岛书店在这个时代将这部电影继续播放着，仿佛很不合时宜，却那么惹人珍惜。

　　那些年的岁月里，人们的欲望还比较淡泊，一张小木凳、一杯清茶、一本破了皮的旧书，就能度过一日又一日的快乐时光。而现在，我们拥有完美的书店，却失去了纯粹读书的乐趣。感谢小渔岛，在角落里偷偷与岁月抗衡，保留着未被污染的书香气。

📍 书店资讯 ─────────────────────────

地　　址：厦门市思明区大学路3号
电　　话：0592-2068581
人均消费：随意

创意店铺
CHUANGYI DIANPU

朴熹杂货
——沙坡尾的文艺标志

朴熹杂货是沙坡尾里最具代表性的一家文艺气质店铺，静静�矗立在街道的拐角处，色调清淡，面对熙熙攘攘的人群显露出不喜不悲的态度，在一众店铺里脱俗而出。

朴熹杂货有三层，一楼是以售卖日式木质餐具为主的杂货铺，二楼是手工巧克力工作室和咖啡馆，三楼是观景天台，可以闲坐聊天晒太阳，有人说，这或许是沙坡尾最美的天台。

◆ **店铺特色**

- ◆ 天台上很适合晒太阳
- ◆ 咖啡馆不大，但清雅宁静
- ◆ 定期开设手工巧克力课程
- ◆ 一楼的杂货性价比不错

谁识当年旧主人

朴熹杂货的主色调透露出一丝淡褐色的清冷，每次路过他家一楼的店铺时都情不自禁往里面看一眼，客人通常三三两两，并不太多——或许是店铺自身气质中的冷色调有一种拒绝热闹的姿态。但是他家的客人又是络绎不绝的，前面的客人刚刚离去，后面的客人再进去参观，像是约好的一样，彼此互不干扰，维持着店里安静的氛围。

我原本计划过年前去参观，可是安排不出合适的时间来，有一日恰好路过，便推门进去询问春节放假的具体时间，想节后再来。却不料女店员淡淡看我一眼，说："你不是在微信里问过一次了？"我有些诧异，想她必然是搞错人了。最终女店员告诉了我假期的安排，却也让我深深体会到那种拒人于千里之外的高冷。

或许这种高冷也并没有什么不好，不同的人群有不同的生活方式，彼此之间保持着

天气好时晒太阳的最佳位置

一段距离，避免靠得太近时平添的烦乱。我想朴熹杂货喜欢的客人应当是自身气质也同样清冷的女子，长发、素衣，不喜与人多话。

那时我没有想到的是，后来居然很巧合地在另一个场合遇到了朴熹杂货的女主人，与她愉快地聊了一个午后。她是那种生命力极其旺盛的人，在表面乐观洒脱的性格背后有一颗纤细敏感的心。她是外在的强者，内心却如同少女般天真文艺，这或许便注定了朴熹杂货的内在气质。

她告诉我，以前在鼓浪屿上有一家客栈，后来打算不做了，却又不忍心让跟随自己多年的员工就此失业。于是，她特意开了朴熹杂货，为老员工们安排了新的工作。这会让人重新去审视朴熹杂货高冷的背后，其实有这样一份浓郁的深情。它从诞生那一日起，就是一个坚强的女子对于责任的诠释。

当真正走入朴熹杂货后，才发现它的清冷之下还藏着温暖、宁静、文艺，如同它的女主人一般。

帘幕东风寒料峭

朴熹杂货的一楼是日式风格的杂货铺，空间并不大，但产品种类比较丰富。柜子上的布艺手工制品很漂亮，纸巾袋、帆布背包、收纳盒的图案和色彩都很清新，或是咖啡

1 | 2 | 3 | 4　　1. 可以举行小型聚会的咖啡馆　　2. 很喜欢这个榻榻米的位置

色格纹，或是褐色斑点，或是玫瑰图案，粉的、绿的、白的，堆满了柜子。这是女孩子们都会喜欢的角落，站在这里细细挑选，仿佛是在精心设计某种生活调性。

精致典雅的餐具是朴熹杂货的特色，独立设计的手工木器是他家的招牌，日式风情的木筷、木勺、木碗都惹人喜爱。陶瓷的杯碟也不少，且价格不贵，在这小小的空间里闲逛片刻，为自己选取一件礼物，是很温暖的事情。

二楼是手工巧克力工作室，平日里会开设制作课程。工作室外的区域布置成了一家小小的咖啡馆，小巧而雅致。靠墙的木桌上摆放着极具造型的手工木器，一点香氛、一枝绿芽便营造出清新自然的氛围。另一张木桌较大，可以坐下一群聚会的朋友，布艺凳子后方的墙上挂着一幅日式木版画，画上的樱花开得正艳。往里走会看到隐蔽的角落里藏着一处幽静的榻榻米，竹席、稻草蒲团、木几、古朴的茶具和简约的灯罩，勾勒出一幅立体的意境悠远的古典画。

阳台上还有一排正对街道的位置，可以坐在二楼俯视大学路上的行人。可惜去的那日天气太冷，无论是榻榻米还是阳台上的位置都很冷，最终我选择了那张宽大舒适的大木桌。

咖啡馆里是一位清秀的年轻人在负责。朴熹杂货的美胜在环境和意蕴，饮品本身还比较单一。我点了一杯伯爵奶茶，端上来的是泡好的伯爵茶和一小碟牛奶、一包砂糖。虽然这样并无过错，但也体现不出吧员的制作水平，赠送的一小块手工巧克力倒是能让人在这寒冷的天气里感受到一丝贴心的暖意。

须著人间比梦间

有人说，朴熹杂货拥有这附近最美的天台。天台的外壁种满了郁郁葱葱的植物，水

3. 琳琅满目的杂货   4. 有趣的木质装饰品

　　泥墙、玻璃混搭出简约的自然风。几个铁锈斑斑的鸟笼随意点缀其中，关不住的枝叶和藤蔓从鸟笼中延伸出来，生机盎然。天台上有可以面对街景睡下来的躺椅，阳光好的时候，可以躺在这里自在地享受太阳浴。闭上眼，仿佛在椰风海岸边度假，睁眼便能看到一片毫无阻隔的蓝天。这里的视野极好，眺眼望去，沙坡尾的市井生活、大学路的诗情画意都一一呈现眼前，独自在这里发呆、思考，会是旅途中彻底放松自我的时刻。

　　最喜欢靠墙的位置，水泥搭建的椅背和扶手，铺上了厚厚的布艺沙发垫，随意散乱着几个抱枕，宽敞舒适的座位可以坐下一群志同道合的朋友。朴熹杂货的天台像一个文艺的梦，莫名引发旅人们的某种青春情怀。总觉得在这样的环境里，应当有一群年轻人，志气相投、相拥高歌、觥筹交错，对于未来肆意展开天南地北、无拘无束的演说。

　　或许我们已经错失了某段岁月，或许我们已经遗忘了某种泪水，但在朴熹杂货这小小的天台上，一切的过往仿佛昨日重现，幻化成一曲悠扬的曲调，从这天台飞向无际的天空中去，与时空永存。

📍 店铺资讯 ——————————————

地　　址：厦门市思明区民族路132号（菜市场斜对面）
电　　话：0592-2087798
特色推荐：手工木器餐具、手工巧克力、布艺手作

饮品店
YINPIN DIAN

chao 巢咖啡
——每个人都是主人

沙坡尾如今是厦大区域内最文艺的地方了，咖啡馆自然是一家接一家地开起来。号称咖啡一条街的篦笆湖别墅区比起这里来虽然风景远胜一筹，但是人文气息上，反倒不如这边有韵味。

在这样一条街上要显得特别并不是一件容易的事，但是chao巢咖啡很轻易地做到了。它是一家有主人的店，也是一家没有主人的店，某种意义上来说，还是一家有许许多多主人的店——你来这里做客，一不小心就成了主人。

◆ **饮品店特色**

- ◆ 无人咖啡馆，一切自助
- ◆ 破落的招牌里面别有洞天
- ◆ 环境很文艺，有当地的传统风情
- ◆ 客人可以自带小礼物来

开扉在巷口，尽日无主人

在曾厝垵的微原宿里与女主人VI聊起沙坡尾时，她向我推荐了chao巢咖啡，"那是一家很有意思的店，我去的时候碰到了主人"。VI冷艳的外表下有一份罕见的纯真，她说起chao巢咖啡时眼神里流露的是少女的神情，可见她是真的喜欢这家店。

这趟厦门之行，原本计划是在沙坡尾找一家合适的客栈试住，查阅了网上所有的资料后发现只有这家chao巢咖啡馆的客栈是有意思的。他家的房间就在咖啡馆的三楼，只有一间房，也就是说到了夜晚，整个咖啡馆就属于这一间房的客人独有。我稍微有些犹豫，虽然极为喜欢这种独自拥有咖啡馆的寂静感，但一想到要一个人在这样古老的小楼里住一个晚上，又觉得有些不安。最终对它的喜爱和好奇大过了担心，于是同它的主人联系订房，却很遗憾地听到一个消息——他家的客栈已经不对外营业了。

天台上也是个喝茶聊天的好地方

于是到厦门的第一天下午我便逛到了chao巢咖啡来，想要看看照片上那家小店现实中是什么模样。chao巢咖啡的招牌是深棕色的铁板，锈迹斑斑，字体是刻出来的，很不起眼。看到它的时候我心想，怎么是这样一幅破败的景象。一扇很窄的小门边挂着一块黑板，上面歪歪斜斜地写着："你来或不来，主人不一定在；主人在或不在，你都可以来。"字迹很不工整，时间久了还有些模糊，但是依旧挡不住一股洒脱的文人风流气质扑面而来。

一阶转而上，桃源现眼前

去chao巢咖啡那天，厦门的天气有些阴沉，整个沙坡尾的行人都很少，我刚踏入那扇极窄的小门，便能感受到这栋小楼里散发出来的寂寥书香气。听说平日里这里总是坐满了人，可是我去的那日里面一个人也没有。我自然是十分欢喜的，可以毫不拘谨地在小楼里闲庭信步地参观。从网上的照片里只能看出这栋小楼的古朴与沧桑，全然展示不出它内在蕴含的古典雅致气息。

1 | 2　　1. 古朴陈旧的招牌，却是这条街上的明星店　　2. 四个字透露出人生的智慧

一进门便见到一个极为特别的位置，一张古老的木头圆桌和两张扇形的木凳嵌入到墙里的空间，成为极为隐蔽又安静的喝茶处。这仿佛是在墙里砸出一个大洞来，天花、墙壁和地板都是木头，最里面的墙上挂着四幅中国山水画。桌上摆放了不同的茶具，甚至两侧的木墙上也钉了搁置茶具的木板，全然成为一个独立的小天地，不太宽敞但足够让两人舒适自在地品茗聊天。

二楼墙上的小黑板上有一首诗很有意思，应当出自主人的手笔："开扉在巷口，尽日无主人。一阶转而上，桃源现眼前。花木棚顶长，小猫绕客足。客来自饮得，在巢不归巢。"听说chao巢咖啡里有狗也有猫，来自五湖四海的客人常常会主动给它们带些食物来。可惜去的那日一只都没有遇到，估计是四处窜去了，天黑才会归巢。

chao巢咖啡像是一个旧物展览馆，大部分的家什都有些年头了，应该是主人花了许多心思收集而来。陈旧的桌椅上放着红黑相间的老式饭盒，墙角处默默矗立着多年前的老衣柜，那张雕着花纹的大红色长木凳不知是从哪个村子淘来的，斑驳的砖墙上还插着一把沾满灰尘的竹编蒲扇。这一切构建出一个闽南特色的怀旧时空，在古朴的家具里穿插着现代艺术的气息，看似不经意的陈列间处处都是精心的设计与巧妙的构思，形成无法复制的独特文艺情调。

客来自饮得，在巢不归巢

chao巢咖啡是一栋三层的小楼，每一层的面积都不大，但别具匠心的室内设计让人感觉处处是景，丰富的陈列内容看得人眼花缭乱。二楼的咖啡角里有主人准备的各种咖啡豆和机器，客人大可自己动手，不必客气。除了主人原本准备的咖啡，还有各地的游人们从远方带来的各式咖啡豆，他们千里迢迢地将自己喜欢的咖啡带来这里，留在chao巢咖啡，等待某一天一位陌生的客人来到这里，也喜欢上他们带来的咖啡豆，细细煮来品尝。彼此之间不会碰面，也永远不会知道对方是谁，这种无私的赠予与隔着时空的惺惺相惜或许才是chao巢咖啡最大的魅力。

chao巢主人说，曾经有朋友问他怕不怕没有人照看，店里的东西会越来越少。他的

1	2
3	4

1. 主人准备好的咖啡豆，随意品尝　　2. 有些咖啡豆是远方的客人特地带来的
3. 主人不在，请君洗手、煮茶、闲坐　　4. 行云流水的《心经》

回答是，店里的东西越来越多了。这真像是一个浪漫的心理学群体实验，结局很让人欣喜——来chao巢咖啡的客人都是带着善意来的，愿与不相识的陌生人分享自己的喜好。

除了咖啡，店里还有福建特色的茶叶，各种茶具俱全，全凭客人自己动手，用完后记得清洗干净。若是没有带礼物来，喝完东西往捐赠箱里自己投钱便是，多少随意。

有一面墙上挂着一幅很漂亮的书法，上面写的是《般若波罗蜜多心经》，应当是玄奘法师翻译的版本。chao巢咖啡的存在本身便带着佛意，主人不是主人，客人不是客人，主人有时是主人，客人也可以是主人。物来则应，物去不留，随心所欲，逍遥自在，何尝不是应了"不生不灭，不垢不净，不增不减"的道理。

📍 饮品店资讯

地　　址： 厦门市思明区曾厝垵17号（亲爱的汉堡对面）

电　　话： 13606067412

人均消费： 随意

特色推荐： 自己亲手煮的咖啡和茶

再生海咖啡

——思想家的牛奶

再生海咖啡在大学路的拐角处，恰好是个漂亮的弧形。咖啡馆里的空间很开阔，但并没有安置太多座位，使得客人拥有的私密感较强，舒适度也增加了许多，可见设计者的贴心。

再生海咖啡有着20世纪70年代老别墅的风情，其中点缀着数不清的植物，以多肉为主，格外清雅文艺。有人说，再生海咖啡不像一家咖啡馆，更像是艺术馆，而在我看来，它恰好正是一家咖啡馆应该呈现的模样。

◆ 饮品店特色

- ◆ 环境很清雅，复古风格突出
- ◆ 座椅舒适度高，适合闲坐聊天
- ◆ 多肉植物特别多
- ◆ 有自己的手工作品出售

不简单的意义

这些年去过太多咖啡馆，反而对于咖啡馆的本源模糊起来，渐渐忘记它原本存在的意义。现在的人们聚在那里，似乎找寻的是一种状态，而非生活的自然。遇上再生海咖啡的那天，让我记忆中的某个片段再度被唤起。

某年参加职业资格考试，考场被安排在一个小城里，考试那天下着冰冷的雨，整个人都冻僵了。考完第一门后距离下一场考试还有一个小时的时间，我迫不及待地想要喝一口热水。可是这所学校外面只有几个小贩推着推车出来卖矿泉水，天气太冷，冰凉的矿泉水喝不下去，我在学校四周到处搜寻，看看有没有什么地方能取暖喝水。

学校附近很空旷，只有住宅区和一个街心公园，连小卖部都没有看到。我不甘心，坚持在寒风冷雨中前行，走出几百米后，终于看到一家很小的咖啡馆。很难形容我推门而入那一刻的心情，室内的暖意与外面的寒冷形成鲜明的对比，即便只是小城里一家普通的小咖啡馆，在那样的环境里也显得格外温馨和文艺，有着不简单的意义。音乐、咖

午后的阳光照射进来，这里是个聊天的好地方

啡、热水、沙发、植物……这些平日里觉得很普通的事物全部有了不一样的诠释和解读，即便只能短暂地坐上半个小时，却觉得整个灵魂都活过来了。那一次的经历，使得我对咖啡馆在一个社区里的意义有了更深层次的理解。

我去再生海咖啡那天也是同样的情景。厦门的冬天若是刮风下雨，会有着海边城市特有的寒冷。春节期间厦门的交通堵得让人绝望，我和一众游客被迫在立交桥上下车，在雨中步行了很长一段路程，走到沙坡尾的时候，已冻得瑟瑟发抖。天色很阴沉，沙坡尾不少的店铺已放年假，街道上几乎没有行人，显得格外寂寥萧瑟。走到转角处时，突然看到一栋两层楼的咖啡馆出现在眼前，便毫不犹豫地推门进去了。

刚迈进咖啡馆的门，一阵暖意便涌来，店里的木头桌椅、绿色植物和空气里舒缓的旋律此刻都有一种无法形容的温暖。店里的客人不多，各自安静地坐在位子上，或看书，或小声聊天，每个人的神情都很放松，与店外寒风中赶路的行人全然不同——我突然再次感悟到了咖啡馆对于生活最真实的意义。它不是一种矫情的文艺，而是寂寞人生中不可或缺的一抹温暖。

1 | 2 | 3 | 4　　1. 一个人的位置，面对满瓶的鲜花，在芬芳中沉醉　　2. 古色古香的茶具
3. 非常精致的微型植物景观　　4. 有工作室手工作品出售

沉默的思考时光

据说16世纪时，奥斯曼帝国的咖啡馆被称为"思想家的牛奶"，因为当时的人们认为，咖啡馆除了喝咖啡外，更重要的作用是读书和论道，是高尚的公众场所。

我进入再生海咖啡后便有了这样的体会。一楼的吧台很大，客人需要在这里自助点餐，之后服务员便不会再来打扰。再生海咖啡的地面铺着绿色花纹的复古瓷砖，咖啡桌都是实木的，颜色素雅，在灯光下反射出原始的光泽，配上墨绿色的皮质沙发，像是一个古老的图书馆。大部分的木桌上都摆放着几盆植物，或是多肉，或是水仙，都是纯粹的绿色，并不招摇。墙上挂着多幅画作，据介绍是一位叫孔德林的福建画家的作品，若是时间足够，不妨驻足静静欣赏，感受生活中这份自然而然的艺术气息。

二楼的采光很好，客人们三三两两地散坐着，互不干扰。这样的氛围里没有人会喧闹，甚至聊天都变得有些多余，客人们都情不自禁地想要安静下来，沉迷在自己的思维世界里，享受此刻那种说不出的慵懒与惬意。

靠窗的地方有一个双人的座位，四周堆放着各种手工木制品和精美得像是艺术品的植物，枣红色的木桌和青橄榄色的沙发带着时光的印记——对于读书来说，这是再适合不过的环境了。可是我环顾四周，并没有找到书的影子，或许店主认为，有时不如连书也放下吧，只沉思，只体悟。这也并非没有道理，再生海咖啡里太多细节值得人慢慢欣赏与回味，仅仅是在这里打发一段悠闲的时光，启发一种有深度的感悟，那便足够了。

有故事的角落

再生海咖啡二楼有一片区域是用来展示手工木制品的，艺术家们的作品随意摆放在

各个位置，与咖啡馆的设计风格融为一体。四棱台的木质花瓶、陶元素与木元素结合的茶具、一卷书画、铁质的茶壶、看不出功用的黑色罐子……客人们可以自由地欣赏，若有喜欢的告知服务员便可买走。

我最为喜欢的，是再生海手作工作室里对于植物进行艺术加工后的作品。一些普通的小型仙人掌或是多肉，配上特别制作的木质花盆或是底座，经过用心设计，便显出不一样的气质与意境来。

有一个作品令人印象深刻，狭长的原木色底盘，上面铺着一块千疮百孔的石头，呈现出时光的无情与岁月的沧桑。石头中间凿出一个小槽，里面撒满白色的石子，石子的尽头，是一撮墨绿色、饱满肥硕的仙人掌，仿佛是在沙漠里开辟出一片绿洲，在天地中挖掘出生生不息的希望。

这是一个在每个角落都可以找出故事来的咖啡馆，关于食物与饮品的味道反而容易被忽视了。在这样的环境里坐坐，即便只是一杯普通的柠檬水便好，足以让人忘却外面的天空，原来还在继续下着冬天的雨。

饮品店资讯

地　　址： 厦门市思明区大学路171号
人均消费： 40元
特色推荐： 冰拿铁、洛神绿茶

Barista Honor

咖啡
——咖啡师的荣耀

Barista Honor，一个张扬的名字，透露出主人不一般的自信。在厦门有不少咖啡馆都会宣传自己店里有员工曾拿过咖啡师大赛冠军，这些咖啡馆通常规模都比较大，名气不小，专业度较高。

Barista Honor不一样，它是一家很小的咖啡馆，十多平方米的空间显得有几分局促。可是去过的人大多会爱上这里——它的位子很少，但你会找到你最爱的那个；店虽不大，但必然有你喜欢喝的那款咖啡。

◆ 饮品店特色

◆ 清新自在的美式风设计
◆ 年轻化的自由氛围
◆ 咖啡制作很专业，性价比高

错过是遗憾

Barista Honor在大学路上真不起眼，我来回走过无数遍都忽视了它的存在。去的那天只是偶然，我在大学路的一家老面馆吃当地有名的酸笋面，一抬头便看到马路对面的Barista Honor。斑驳的白墙上印着"Barista Honor Café"几个黑色英文字体，陈旧的吊扇与红色喜庆的中式灯笼极不和谐地凑在一起，门口随意地摆放着几张不锈钢的椅子。看上去有些慵懒，有些不羁。

我抱着姑且一试的心情走进去，却不想收获意料之外的惊喜。咖啡馆很小，一堵墙勉强隔开两个区域，座位也很少，加起来也就六七张桌子，可是呈现出的氛围却再轻松惬意不过。

洒脱的青春

冰冷的不锈钢桌椅、颓靡松软的懒人沙发、脏兮兮的墙灰与缺了角的单人木桌、工

美式乡村风的外观

业化元素的灯泡……不够美也无须精致，不小资也毫不矫情，我太喜欢Barista Honor的这股调调，一家小咖啡馆的内在魅力正应当如此。

Barista Honor像是一个十五六岁的美国街头少女，穿着T恤、牛仔裤加匡威踩在滑板上溜达，她脸上还有一些小雀斑，歪着嘴嚼着口香糖，多余的装饰对她而言都是累赘，随心所欲的状态让每个成年人都羡慕不已。

Barista Honor就是这样一个地方，当你走进来时，你会回到20岁之前的时光，将成人的犹豫与拘谨都忘却，青春期独有的洒脱与随性就这样不经意地回到你身上，伸个懒腰，吹个口哨，生活里原来一直都是蓝天白云。

昨日又重现

如果以为这样一家小咖啡馆仅仅只能满足客人的情怀便错了，Barista Honor的咖啡是我在沙坡尾喝到最出色的。同样的口味我在筼筜湖的一家店里需要花上50多元，而这里只需要一半的价格。

这是一家真正适合出现在学校附近的咖啡馆，它让人怀念读书时的岁月，对未来还有几分迷茫，却挡不住青春本身的欢愉。如果说有些咖啡馆适合看书，那Barista Honor则适合聚在一起做作业，这其间的区别在哪里，或许只有时光会回答你。这趟厦

$\dfrac{1}{2\ \vert\ 3}$　　1. 店虽小，却很有趣　　2. 就是喜欢一个人的孤独　　3. 冰拿铁的味道让人惊艳

门之行，我去了Barista Honor两次，同一个位置，同样的冰拿铁，同一只猫跳上桌，试图舔一口玻璃杯里的咖啡，像是一场岁月的轮回。

📍 饮品店资讯

地　　址： 厦门市思明区大学路2号

电　　话： 0592-2020103

人均消费： 30元

特色推荐： 冰美式、冰拿铁、百利甜拿铁

杧果很黄
——如果杧果也有乐园

杧果很黄在厦门有几家店，是几个年轻人这些年做起来的杧果主题创意甜品店。对于厦门冰品印象最好的是斯利美的老店，让我狠狠惊艳了一把。于是，带着同样的期待，我在一个阴天走进了杧果很黄的沙坡尾店。

冬日里若是没有阳光，沙坡尾会有几分萧瑟感，杧果很黄的那栋嫩黄色的独立小楼在这样的天气里给整个街道增添了一抹暖意。四周灰蒙蒙的，因为这片鲜艳的黄色，一切变得有了童话的色彩。

◆ 饮品店特色

◆ 杧果主题的甜品种类丰富
◆ 室内设计简洁清新
◆ 二楼靠窗的位置视野不错
◆ 提供可阅读的书籍

市井中的文艺范儿

关于水果主题最文艺的记忆，我首先想到的不是一家家装修得风格鲜明、清新自然的甜品店，而是广东怀化县城里的水果摊。怀化的水果摊旁边都安置有一些简陋的座位，客人先到摊上选好水果，老板切好后撒上特制的酸梅粉和海盐，一盘盘端出，美味得令人难以忘怀。摊上坐满当地的农民或者工人，讲着口音很重的白话，穿着拖鞋，毫不讲究地大口吃着水果，可是这样的画面却成了我记忆中最文艺的老照片。

如今的文艺太精致，因此少了点韵味。杧果很黄有一个特别的产品是杧果蘸酱油，甜与咸的冲撞倒是有了几分粗犷的趣味，为精致增添了市井的生命力。

维多利亚的客厅

杧果很黄的二楼环境很舒适，一整面墙的书柜里准备了不少可供阅读的图书杂志，

楼上出人意料的小清新设计

坐在窗口的位置看远方的风景

1 | 2　　1. 不多的画框，许多的心思　　2. 看着警告，我犹豫着要不要喝下这杯杧果牛奶

灯光也显得很温暖，倒不像一家甜品店了，有些像是回到自己家的客厅。刷成白色的木墙和带着黄色色彩的童趣画框，中间又混搭一丝摇滚元素，室内设计简洁中带着清新的艺术感。

　　书柜下方有一排铺着咖啡色桌布的长桌和白色的木椅，桌子上放着几盏台灯，带着几分甜美的维多利亚风格，提供给客人写明信片或是看书。墙上的许多标语很有趣，看客们往往都会会心一笑。

杧果很黄很温柔

　　或许去的时候并非吃杧果的季节，我必须客观地说，他家的甜品在味道上并不怎么出彩。也许只有夏季的时候再来一次，才能给出更公正的评价。不过关于杧果的甜品种类是很丰富的，不管是杧果冰、杧果牛奶、杧果奶茶、杧果大福都应有尽有，是杧果爱好者的天堂。

　　尽管口味上我无法给他家高分，但我依旧推荐在逛沙坡尾时顺道进来坐坐。记得选择二楼靠窗的位置，白色的桌椅、浪漫的纱帘、漂亮的窗台，是个晒太阳的绝佳位置。在午后懒洋洋地趴在窗台上，慵懒地打量楼下沙坡尾的街景，阳光洒在身上，桌子上是一大份的杧果冰，这该是多么悠然自得的时光。

📍 饮品店资讯

地　　址： 厦门市思明区大学路157号

电　　话： 4009677660

人均消费： 35元

特色推荐： 超级杧果绵绵冰、超级杧果杯、杧果蘸酱油

忆时光咖啡
——中国风的喫茶店

喫茶店就是日式风格咖啡馆，早在一百多年前，日本便有了第一家喫茶店『可否茶馆』。喫茶店在岁月中慢慢凝固为一种文化，衍生出日本餐饮中的一种本土文艺情调。西式咖啡馆在日本越来越受年轻人欢迎，喫茶店渐渐成为一种小众的怀旧情怀。

在中国又何尝不是，西方文化渗透进我们生活的点点滴滴，属于中国的元素渐渐消失。忆时光咖啡的特别在于，它作为一家咖啡馆的同时，将古朴隽永的中国风元素融入了进来，形成一种清雅淡然的古典气质。

◆ **饮品店特色**

- ◆ 中国风元素的融入别有特色
- ◆ 冰咖啡和手工小饼干不错
- ◆ 自制的花草茶很便宜
- ◆ 有一只七八岁大的松狮

传统的意境美

有人说，在咖啡馆林立的沙坡尾，忆时光完全没有特色嘛。我不知道怎样才算是特色，是一定有着现代主义的几何线条，还是日式zakka风的小清新，再者深谙波西米亚的艺术情调？在我看来，忆时光里那股清新淡雅的中国风，便是再惊艳不过的特色。

中国艺术向来是以写意闻名的，形散而神不散，以意境为高。忆时光是一家咖啡馆，但许多细节上都流露出传统的古典意境美。他家的饮品除了咖啡类以外，也有自家配制的花草茶，在西式咖啡馆的文化之外增添了本地的人文底蕴，成为一家中式风情的喫茶店。

古典主义的美学

忆时光有一些角落看起来十分普通，难怪有些客人会嫌无趣。有一个偏僻的角落

桌子居然是个大酒桶

里，三面都是素色的白墙，墙上只简单地挂着一幅书法字，写着"忆时光"三个字，靠墙的位置摆放的是最简单的中式木桌椅，桌上有两瓶青葱茂盛的植物——便是如此平凡，却让我欣喜不已。

孔子曾经提出"绘事后素"的美学理念，而这恰恰正是中国浩瀚文明中的精髓，素朴中蕴含红尘岁月，简约中可窥人生百态。忆时光有许多看似平凡却充满中式美学的细节，让人在这里喝杯咖啡的时光变得充满古典的诗情画意。这或许正是许多厦大教师与学生喜爱这里的原因吧。

老家具里的新书

忆时光里有一些书籍和杂志可供阅读，他家用来装书的家具很有意思。一个是农村里用来晒玉米、辣椒或者其他蔬菜粮食的竹编笸箩，三层高，装满了各种书籍。这让我突然有些惆怅，想起了前不久看到的新闻，一个淮北农村的老篾匠喟叹竹编手艺后继无人。有些记忆里最清新、最自然的东西，随着时代的变化快要完全消失在我们的世界里，我们却毫不动容地漠视。

另一个是大木箱，看上去有些年头，里面装的是最新的时尚杂志——古朴与先锋的

1. 用这样的方式摆放书籍很特别　　2. 古香古色的环境　　3. 招牌越南冰咖啡

交融匠心独具。以前许多老人家都有一个这样的大木箱，里面装下了他们一生中最宝贵的岁月与记忆。多年前我外婆去世的时候也留下这样一个木箱，她省吃俭用的积蓄都保存在里面——对于后人来说那不算什么巨款，却是无法释怀的感动与忧伤。

这种对于中国传统文化的纪念，谁说不是忆时光咖啡独一无二的魅力呢？

📍 饮品店资讯

地　　址： 厦门市思明区大学路市场正对面

电　　话： 0592-5986731

人均消费： 30元

特色推荐： 单品咖啡、越南冰咖啡、手工曲奇

九人分芋圆
——芋圆的美学空间

真难想象，这样一家精致的小店，只提供最简单的芋圆甜品。九人分渐渐积累出一定的名气，来沙坡尾的游人的行程里往往都写着『到九人分吃芋圆』这样的计划。九人分依旧淡定地保持着它清新家常的本色，安静、优雅、不疾不徐地按照自己的生活节奏，静静蛰立在沙坡尾旧日的海滩边。

冬日里到九人分吃一碗滚烫的芋圆是再温暖不过的事，在这样一个并不宽敞的空间里，主人极尽所能地展现出一种关于生活本真的美学。

◆ 餐厅特色

- ◆ 招牌芋圆系列是每个来店客人的选择
- ◆ 有各种精致的餐具出售
- ◆ 清新文艺的舒适环境
- ◆ 自制明信片是最好的纪念品

向生活美学致敬

九人分被定义为一家美学馆是极为准确的，它的空间不大，一推门进去，便能感受到店主关于生活美学的诠释。地上铺着复古的花式瓷砖，抬头能看到有些斑驳的天花与墙角，石头与泥浆构建出自然风格墙面，墙面上钉着整面原木色的展示架。墙上、木桌上、窗棂上，处处都摆放着精致的供出售的餐具。

餐具的风格不一，褐色的素朴染色或是古典欧式的花纹，足以让挑选的人眼花缭乱。这让我想起一本关于法国人生活美学的书，书中写道："法国人可以不买车，但一定要有一套精美的餐具。"这才是经历过几个世纪文艺沉淀的美学智慧。

1 | 2 | 3 / 4

1. 精致的生活正是从餐具开始　　2. 粉橙色的复古电话机很漂亮
3. 可以不买，但值得欣赏　　4. 冬日里的一份温暖

细节处的美丽

九人分是老房子改建而成的，本身的格局有限，建筑本身也显得陈旧，但是它的一个细节却深深打动了我。那是一个狭窄的角落，空间局促，主人在这里放置了深褐色的大小刚好的木柜。木柜里整齐地竖立着十多本书，木柜的表面摆放着三个花瓶，大的是木头材质的，两个小的是透明的玻璃瓶，花瓶里插着简单的绿藤和粉红色的康乃馨。两个带着童话色彩的陶制兔子站立在花瓶边，旁边还有一个青花瓷的小碟子，里面装着尚未开花的水仙。

古人说见微知著，举一反三，在这个不起眼的角落里我看到了主人对生活的热爱。现实的条件往往不如人意，可是只要用心去打造，平凡的事物也会散发出隽永的美丽。九人分里，这样的细节比比皆是，不知不觉中便会被主人的用心所感动。

热爱每一颗芋圆

到九人分自然是要吃芋圆的，各种口味的芋圆都是店主手工制作，有着厦门古早的

味道。坐下吃芋圆的空间很小，只能摆放下两三张桌子，但环境清新而安静，客人们聊天时都尽量压低声音，不叨扰到旁边的人。桌子上有小卡片提醒客人，尽量不要浪费食材，一碗小小的芋圆，请努力吃光它。

店铺里有句话，"一生一器，一皿一器，一世一爱，一碗一筷"，简简单单的字却诠释出生活的本真，店主简朴却至真的生活哲学再一次得以体现，渲染出九人分独特的气质来。

📍 餐厅资讯

地　　址：厦门市思明区大学路128号
电　　话：0592-20918889
人均消费：30元
特色推荐：各种口味的芋圆

烧鸟居酒屋
——喝的是人生的惆怅

居酒屋文化是日本现代人文中重要的一环，它是压抑的日本文化里难得的被准许的释放，是让疲惫的灵魂得以洗礼的合理的生活方式。最早的居酒屋起源于江户时期，经过上百年历史的沉淀，如今已是日本民众不可或缺的解压天堂。

「烧鸟」是日语里的「烤鸡肉串」，也包括烤鸡心和烤鸡翅等，这是日式居酒屋里最常见的小菜。沙坡尾这家烧鸟居酒屋据说是现在厦门最受欢迎的居酒屋，已然成为厦门大学附近的新的文艺地标。

◆ 餐厅特色

- ◆ 环境较好，有日式榻榻米包间
- ◆ 日式烧烤比较地道，下酒小菜丰盛
- ◆ 日本酒和自制饮品的种类很丰富
- ◆ 主食选择较多

寻找快乐的老家

在日本，女人到居酒屋消费是一种成熟的标志。居酒屋大多时候应当是男人的世界，每天辛苦工作后需要一个地方缓解生活的负能量，一杯啤酒、两碟小菜和电视里的棒球比赛成为人生中最快乐的元素。

而在中国，由于文化的差异，居酒屋更多是年轻人聚会的地方。烧鸟居酒屋的门面很大，透过落地玻璃和木头栏杆隐约能看到里面的景象。店门外张贴着几张有趣的创意海报，准备了两张长木凳给等位的客人。

每天华灯初上，客人们便陆陆续续前来，很快，宽敞的大厅便坐满了人。来晚了的也不急躁，耐心坐在门外等待，聊天也很有趣——来居酒屋本就不是为了肚子，而是为了灵魂。

一个人来居酒屋，坐吧台才是正解

以茶代酒的人生

大厅里靠近操作台的地方有一排单人座，那是提供给独自前来的客人。在日本这样的客人很多，坐在高脚椅上喝着酒，与吧台里的老板聊着内心的苦闷，老板则适时为客人添加小菜。大厅的空间比较宽敞，夜色下灯光昏暗，只有餐桌上方的灯格外亮，使得端上来的小菜看上去都充满了诱人的色彩。

高木直子在旅途中独自到居酒屋喝啤酒、吃烧烤的洒脱一直是我向往的，然而我犹豫再三，还是没有点酒，但尝试了不少下酒菜。没有酒也不要紧，烧鸟居酒屋在吧台的角落里准备了一大缸自取的当地茶。用不锈钢杯子装满茶水，与各种烤物放在一起，看上去也是很搭配的样子。居酒屋喝的原本也不是酒，而是人生的惆怅。我并不惆怅，于是喝茶便好。

冬夜里的风情

到居酒屋来谁还会点刺身呢，那还是留给传统日式料理店吧，各种下酒小菜才是

1
2 | 3

1. 昏黄的灯光，宁静的氛围　　2. 厚烧玉子是我的大爱　　3. 凉拌秋葵，意料之外的美味

一家居酒屋的灵魂。烧鸟居酒屋的凉拌秋葵出人意料地好吃，厚烧玉子也算地道，烤物中最爱虾和香菇。孤灯如豆，在异乡的夜晚里，独饮独酌，虽不是酒，却已有了酒的情怀，这就是居酒屋独有的风情。

去的那天格外冷，烧鸟居酒屋的暖气开得很足，从寒风中走进来的客人们都面露愉悦——这样的氛围里，原本属于日式居酒屋主调的忧伤与无奈便减少了几分。在寒冷的冬夜，人们坐在温暖的室内喝酒吃菜，倒是让我想起了白居易的诗句，"绿蚁新醅酒，红泥小火炉"。

📍 餐厅资讯 ─────────────────────

地　　址：厦门市思明区大学路211号13-14号店面
电　　话：0592-5598877
人均消费：100元
特色推荐：芥末章鱼、凉拌秋葵、唐扬鸡块、铁板牛舌

小番子寿司店
——小店才有的暖意

据说，不久前，这里还是一家传统的铁匠铺，经过几个月的改造，成了如今清新自然的模样。小番子寿司店的面积不大，却在这小小空间里营造出温馨清雅的气质来。

这并不是一家地道的日式料理店，店主番子有他自己的想法，他希望加入更多适合中国人口味的元素。去的那日，客人不少，男女主人一直低头忙碌着，淡雅的灯光下看着他们认真的表情，不经意间感受到生活简单的美。

◆ 餐厅特色

◆ 有小阁楼，环境舒适
◆ 对于一家小店来说，寿司品种丰富
◆ 各国客人都会来的地方
◆ 价格不贵，适合年轻人消费

偶遇

离开原至花园别墅那天，认识了同路的Wing以及她读小学的儿子。路上聊得投缘，我们相约晚上到沙坡尾找个地方吃饭。厦门的交通完全堵塞，我们赶到沙坡尾时天色已经完全暗了下来。沙坡尾的路灯昏黄，大部分店铺都关了门，在饥寒交迫的冬夜里，看到小番子亮着的灯光，我们不约而同地欢呼起来。

夜色下，那块乳白色与草绿色交织的招牌看上去分外清新，隔着草席帘子看到室内温暖的灯光，像是疲惫的旅人找到熟悉的归途，生活的暖意重新回到我们身上。与Wing的相识是一种缘分，就如同我们与小番子的偶遇，人生许多美丽的事都发生在不经意的刹那，因此格外留恋。

在厨房里忙个不停的店主人

选择

推门进去，楼下有三桌客人，老板忙得无暇招呼，我们自行走上阁楼。阁楼上只有一桌客人，听口音是俄罗斯人，正在讨论商务合同。楼上有一处两人座的榻榻米，面对书柜，安静而隐秘，灯晕洒下来，看上去十分温暖。可惜我们一行三人，否则定然会选择坐在这里。

1 | 2 | 3　　1. 各种口味的寿司是招牌　　2. 三文鱼刺身是我的大爱　　3. 寒冷冬夜里的温暖的味噌汤

不过靠着楼梯围栏的位置也很舒适，也是榻榻米，木头的长桌上摆放着各式干花瓶子，清雅幽香。我是喜欢这个位置的，适合发呆、聊天，还可以看到楼下的情景。可是性格好动的Wing建议，不如我们坐到楼下吧台处，可以一边吃饭一边和老板聊天。于是，按照她的想法，我们最终选择坐到了楼下的吧台边。

完满

可惜Wing的想法并不完全可行，虽然坐在吧台处确实近距离接触了老板，然而老板二人忙得根本无暇顾及与我们聊天。

小番子的寿司在运用传统日式寿司制作工艺的同时，加入了更多熟食的元素，诸如烤鳗鱼和熟虾等。我猜想老板本人更偏好日式料理的熟食，在比例上更大程度地倾向了这一类口味的选择。作为一家小小的寿司店，小番子的品种可算是十分丰富，老板还开发了一些新款的酱料，以满足食客的新鲜感。

老板即是员工的缺憾是人手短缺，点完餐后我们等了较长的时间菜品才能上齐。可是想想其他家早已关门的店铺，还有什么可抱怨的呢？吃到最后，我点的一碗味噌汤端了上来，鲜美滚烫，为这个原本凄冷的冬夜画上了温暖的句号。

📍 餐厅资讯

地　　址：厦门市思明区大学路124号之二
电　　话：0592-2090576 18965165868
人均消费：30元
特色推荐：杧果反卷、鳗鱼芝士卷、味噌汤

鼓浪屿三丘田码头区

琴岛上的最美时光

三丘田码头是一个连接繁华与宁静的枢纽，因此也联系了两种完全不同的游人。

有一类游人喜欢的是繁华的龙头路，距离三丘田码头不远，下船后漫步而行，沿途的风景极美，有不少靠着海边的餐厅，可以吃饭，可以看海。另一类游人喜欢的是宁静的鼓新路，从三丘田码头出来后，找到一条上山的小道，便能很快走到鼓新路。鼓新路上段清幽下段热闹，清净的草木诗经咖啡就藏在一栋平房民居里，旁边就是一条通往码头的小路。

龙头路的繁华与鼓新路的宁静我都欣然而乐，一个区域内，两个不同的世界。不过最爱做的事，还是沿着鼓新路步行上山，越走越安静，鸟鸣声不断，路边都是打盹儿的小猫。

客栈
KEZHAN

巢庭 1919 别墅酒店
——山坡上的老屋

巢庭1919在三丘田码头上坡的尽头，门口看着小小一个院子，里面逛起来却别有洞天。花园是悠闲的、自在的、野趣横生的，可是客栈里面的陈设却是欧式化的，精致、典雅、素净，让人心情放松，心生愉悦。午后时分看到主人坐在花园里接待朋友，清茶一壶，聊天南地北趣事，此心悠然。

◆ **客栈特色**

◆ 老别墅改造的客栈
◆ 开阔美丽的天台
◆ 房间设计清雅精致
◆ 可以在院子里喝下午茶

天台上的猫

巢庭1919在一个小小的斜坡尽头，拱圆形的铁门内藏着满园的风光。几只小猫在门口嬉闹，不一会儿，都活蹦乱跳地蹿了进去，一路跑过石子路和木地板，沿着墙角的木梯上了天台。

巢庭1919的天台很美，浅褐色的瓷砖铺满整个地面，石台上的花草郁郁葱葱，十分茂盛。角落里是几棵开满花的小树，坐在小树的对面，懒洋洋地晒着太阳，四周是一些古老的建筑物，有着鼓浪屿特有的风情，静下心来慢慢欣赏，沉醉其中。

180

天台上的风景

幸福的甜香

巢庭1919的老房子真美，灰色的墙，墙上爬满绿色的、红色的藤蔓，像是牵出一幅水彩画来。欧式的白色木窗下是五颜六色的小花，空气里散发着清新的甜香。

靠近天花的房檐下有一对憨态可掬的金鱼，旁边的透明玻璃下挂满了晒干的薰衣草，一蓬蓬、一丛丛，像是丰收时农庄的风情。站在这个角度抬头看天空，是一片树荫如云，偶尔有阳光的斑点穿过枝叶洒下来，带着幸福的光辉。

精致的时光

沿着一个木梯进入客房是最有趣的，四周是石头柱子，粗大结实，有着古罗马时代的雕塑美。客房区却是典雅的，古朴的石墙下是文艺范儿的竹椅，粉色、米色的抱枕点缀出浪漫的清新，角落里的绿色木柜上端坐着埃及法老王的像。

客房走廊里的休息区

　　地面上铺满了五彩斑斓的地砖，纯白色的布艺沙发，典雅的柜子与花瓶，这些细节营造出无比精致的现代风格。室内的空间是如此沉静与清雅，仿佛花园里那种自然的野趣已是另一番天地。住在巢庭1919最大的乐趣莫过于此，可以自由享受田园农庄般的惬意时光，也可以静下来，在房间里看一本书，文艺地、雅致地度过属于当下的时光。

📍 客栈资讯

地　　址：厦门市思明区鼓浪屿三明路32号

电　　话：4006780860

预订方式：网络/电话

房间价格：300～1000元（旺季价格有浮动）

浪漫岛旅馆
——老别墅的情怀

浪漫岛旅馆是一栋老别墅，屋子在岁月的流逝中显出几分沧桑来，但是它有一个漂亮的小院子，院子里开满了花，还有一家岛上颇有名气的咖啡馆。这样的旅馆还有什么可挑剔的呢？像是从二十世纪的西方小说里走出来的。旅馆的标志是一只猫咪，看上去憨态可掬，为这栋上了年头的老屋子带来了清新的活力。

◆ **客栈特色**

- ◆ 路边的老屋子，位置方便
- ◆ 有很宽敞的天台可以眺望远方
- ◆ 很漂亮的院子，三角梅开得茂盛
- ◆ 有自家的半山雅叙咖啡

老别墅的生机

浪漫岛旅馆以前是一栋叫作"汝南"的老别墅，岁月悠久，带着时光赋予的沧桑与底蕴，静静地矗立在繁华的小坡上。它的主楼看上去有几分古老，但开在天台上的金黄色的花朵，给这份古老带来了旺盛的生机与活力。

主楼下有宽敞的平台，在门厅里放着几张柔软的布艺沙发，墙是老木板，天花却是地中海的蓝与白，花瓶中一大束的百合花开得正好，清甜的香味沁人心脾。平台上放着红格子布小桌，闲来无事可以坐在这里看远方，看天外云卷云舒。

过往时光的美

这样的老屋子难免有几分古旧之意，虽不如新修的客栈硬件那么出色，但是它散发的韵味却是不可复制的。最爱别墅的红砖墙上打开的那扇木棂窗，上面的雕塑有着浓郁

咖啡馆里的一只玩具熊

院子里的彩色凳子

1 | 2　　　1. 屋檐处的三角梅开了　　2. 在阳光下喝一杯桂花奶茶

的艺术美感，仿佛这扇窗内，藏着的依旧是20世纪那种悠然情怀与舒缓时光。

　　老屋子里总是有些老家具，浪漫岛旅馆也不例外。不时能发现角落里藏着的老木柜，还有木柜上那盏不知道什么时代的古式台灯。这不经意间隐藏在别墅里的怀旧元素，才是属于浪漫岛旅馆独一无二的魅力。

半山雅叙咖啡

　　浪漫岛旅馆在院子里开了一家露天咖啡馆，叫作半山雅叙，在岛上颇有些人气。每天的午后，人群会熙熙攘攘而来，坐在太阳伞下，喝一杯招牌的桂花奶茶，悠然享受岁月静好。

　　咖啡馆里有漂亮的彩虹椅，一头玩具熊坐在上面，憨态可掬，吸引不少人留影。我更喜欢院子中央的位置，深色的休闲椅，桌上的马克杯里种出郁郁葱葱的小叶子，抬眼看墙头，艳丽的三角梅开满了整个屋檐。人还在冬天，却似乎闻到了春天的气息。

　　待夜幕降临，游人离去，咖啡馆会变成住店客人的相聚地，那份惬意与自在才是度假中最快乐的体验。

📍 客栈资讯 ──────────────

地　　址：厦门市思明区鼓浪屿鼓新路18号

电　　话：0592-2571935

预订方式：网络/电话

房间价格：200～800元（旺季价格有浮动）

桐菱度假旅馆
——寂寞梧桐深院锁清秋

去的那日是个安静的午后，远远望去，便看到那片深灰与浅灰交织的优雅。桐菱的院子里有几棵大棕树，挡住了旅馆的半片天空。客栈有个很大的花园，花园里曲径通幽，各种花草都郁葱葱，一片清雅悠然的景象。夜色里的桐菱也很美，霓虹灯为寂静的夜勾勒出几分繁华，一切如梦，一切如幻。

◆ 客栈特色

- ◆ 客栈面积较大，有很漂亮的大花园
- ◆ 木头屋子很有古典意境
- ◆ 新修的观海房环境较好
- ◆ 有自己家的特色馅饼出售

花园里的悠然时光

站在桐菱度假旅馆花园的阶梯上看远方，风景此处独好。有些树如大伞，在红砖青瓦间投射淡淡光晕；有些树如云影，朦朦胧胧往远方延伸。绿叶与枯枝，青苔与繁花，都像是在这花园里舞蹈，随着不远处吹来的海风而颤动。

坐在花园的木椅上抬头仰望天空，绿树蓝天，万里无云，仿佛心境也空了下来，四周变得寂静无声。这样懒洋洋仰视着头顶上这一片天，如同独自面对生命如如不动的心境。慢悠悠的鼓浪屿时光，这时才品味了出来。

老木屋情调

桐菱度假旅馆靠里面是几栋老木屋，深棕色的木板，薄薄一层的纱窗，像是误入日本深山里的禅寺，清幽寂然。

中式风格的老木屋

　　木屋外有树，树干上有藤，枝枝蔓蔓，在冬日里长出了浅绿色的小嫩芽来，看得人心生欢喜。木屋修好已有几年，房间里的设备不算太新，有些许的潮湿，但是走廊里的墙依旧雪白，木地板依然清新。房间格局有些小，但胜在清净安然，尤其是站在洗漱台边，推开窗户便能看到山，看到树，看到一片明媚风光。

无言的温暖

　　住在桐菱度假旅馆会觉得很自在，服务生的态度刚刚好，不会来打扰，在你需要的时候，他就在那里。我一直认为在客栈中度假，这样的距离是刚好合适的，彼此之间只需要会心一笑，一切的善意都尽在不言中。

　　我走的那日需要坐五点多的渡船，于是四点便起了床，窗外一片浓郁的黑色，只

旅馆里风景如画

漂亮的花瓷砖和窗外的风景

有淡淡的月光洒在窗台上。我之前同前台约好不用办退房手续了，怕打扰到值班人员休息。不过出门的时候还是不小心吵醒了值班的年轻人，他睡眼惺忪间起来和我道别，那一刻的温暖，是我对于鼓浪屿最后一个美好的记忆。

　　走出桐菱度假旅馆的大门，将夜色中的温馨关在身后，迎着满天星子的微光，启程回家。

📍 客栈资讯

地　　址：厦门市思明区鼓浪屿兴化路1号

电　　话：0592-2190018

预订方式：网络/电话

房间价格：200～500元（旺季价格有浮动）

杨桃院子
——岛上的田园诗

杨桃院子这个名字取得实在有趣，有几分田园风韵，有几分淘气，像是一眼便能望到的乡下景色，自然、纯真、清新的人文时光与恬淡岁月。即便你不住在客栈里，也可以在午后时分去花园里的露天咖啡馆坐坐，阳光下品一杯地道的港式柠檬茶，生活也仿佛变得酸酸的、甜甜的。

◆ 客栈特色

◆ 欧式风情的小洋房风格建筑
◆ 很漂亮的花园
◆ 文艺氛围浓郁
◆ 提供港式饮品甜点

栽满树的院子

我是在一个午后走到杨桃院子门口的，那天的阳光有些泛白，极淡地洒在地面上。杨桃院子就这样静静矗立在小路旁，红色的砖墙上挂着春联和红灯笼，木头招牌，屋檐处开满了金色的花。那一刻，时光变得缓慢下来，如梦如幻，像是回到了童年时光里那种悠然。

走进杨桃院子就能看到满院子的大树与花草，茂密的树叶遮盖了整片院子的天空，空气里散发着令人愉悦的清新气息。前方的鱼池上有芭蕉，芭蕉下是乱石，一派古典氛围。

古典意境时光

花园里是一个露天咖啡馆，有一大排的长吧台，院子里藏着许多有趣的座位。鱼池

小路旁开满花的屋檐

1 | 2 | 1. 静谧无人的花园深处　2. 适合做下午茶的西多士
　　3　3. 应该是鼓浪屿上比较地道的港式冻柠茶

附近有一处平台，沿着台阶而上，平台上的花草丛里藏了一套桌椅。桌子和板凳都是有些年份的实木，随意自然地摆放在一堆乱石旁边，另一侧艳丽的茶花盛放。

角落处还有一丛翠竹，靠着古朴的墙沿，郁郁葱葱。小竹林前方放着一张单人的藤编椅，可以想象，炎热的夏日里，一阵风吹过，竹叶发出沙沙的轻响。坐在这椅子上，闭眼小憩，当是人世间最闲适的享受吧。

应是良辰美景

杨桃院子的房子在小洋楼里，红砖墙，欧式拱形门窗的设计有着浓郁的艺术美感。有些房间还有开阔的小阳台，可以坐在阳台上眺望远方的天空、触摸近处的大树。

鼓浪屿上咖啡馆虽然不少，但真正让人感受到悠闲度假气息的并不多，杨桃院子的咖啡馆在岛上算是氛围极其舒适的，可说是名副其实的鸟语花香。我点了一份西多士和

一杯港式冻柠茶，味道都很地道，懒洋洋坐在院子里，坐在大树下、阳光中，听着树上的鸟儿在叫，闻着空气里的花香，感受生命放松和沉静下来后的那种愉悦，体会属于杨桃院子的迷人时光。

📍 客栈资讯

地　　址：厦门市思明区鼓浪屿安海路8号（安海花园店）

电　　话：0592-2521333

预订方式：网络/电话

房间价格：300～700元（旺季价格有浮动）

草木诗经咖啡
——诗三百，思无邪

据说草木诗经的主人是一位才女，会写诗，会写漂亮灵动的散文。《草木诗经》是她曾经写的一本书，书里用自己的文字描绘了种种关于植物的诗情画意。草木诗经咖啡有着和它的主人同样的气质，文艺的、恬淡的、素雅的。主人不常在，柴门却常开。藏在路边小小角落里的草木诗经咖啡，以一种娴静悠然的态度在鼓浪屿上暗自芬芳，等待每一个有缘人的到访。

◆ 饮品店特色

- ◆ 安静幽雅的环境
- ◆ 可以眺望海对岸的小阳台
- ◆ 有主人写的书可以阅读
- ◆ 自制甜点是他家招牌

诗意的老屋

我在一个夜晚找到了鼓新路上的草木诗经咖啡，小路上人烟稀少，月光淡淡洒在路面上，路灯的光晕照亮前方几米的范围，四周仿佛都添了一层朦朦胧胧的诗意。

草木诗经咖啡的老房子就这样静静地矗立在路边，安静而沉稳，大树的树影投射到墙面上，时间仿佛都忘却了流逝。小院子看上去有些老旧，却因此而保留着自然清新的气息。古老的窗台上那一盆盆长得茂盛的植物，在夜色里为这份古意增添了活泼的生命力。

找个位置闲坐看书

老屋子，老时光

看见与被看见　子梵梅著

咖啡馆的主人是个作家

平常心即道

草木诗经咖啡的外室像是20世纪80年代的客厅。简单的白墙、陈旧的沙发、墙上砸出来的书架、白色蕾丝布和老式的电视机，不喧哗、不华丽，如同淡淡的一首抒情诗，却流露出打动人心的情怀来。

有一个靠着窗户的位置，窗棂因时光而斑驳，两张深咖啡色的椅子并排而放，中间隔着一张小方桌。窗外是深色的天幕与霓虹灯，窗内小方桌上的台灯清净素雅，旁边一大盆的水仙花开得正艳。这样的氛围里，有什么理由不捧起一本书来，静心阅读，享受这个时代中稀缺的平常心。

此心已安然

草木诗经咖啡的主人叫子梵梅，大抵是她的笔名。她会写诗，会写优美的散文，出了几本书，放在咖啡馆里供客人取阅。若是客人去时刚好遇到她，可以买书请她签名，但大多数时候主人是不在的，一个诗人，总是习惯了流浪在路上。

我去的时候，店里只有一个小妹，时间有些晚，我也并没有打算坐太久。那一夜的风很冷，我站在小阳台上看海对岸的厦门岛，灯火辉煌，霓虹闪烁。都市里的繁华与此刻小岛上的宁静形成了强烈的对比，仿佛把红尘俗世的所有烦恼都留在了彼岸，而如今这小岛上，只有放下一切的自在。

小妹端上来的红枣奶茶有些烫手，却成为这冬夜里令人安心的温暖。于是，冷风被驱散了，草木诗经咖啡内，一片安然。

📍 饮品店资讯 ─────────

地　　址： 厦门市思明区鼓浪屿鼓新路38号隔壁
电　　话： 0592-2193503
人均消费： 35元
特色推荐： 迷迭香森林咖啡、迷迭香饼干

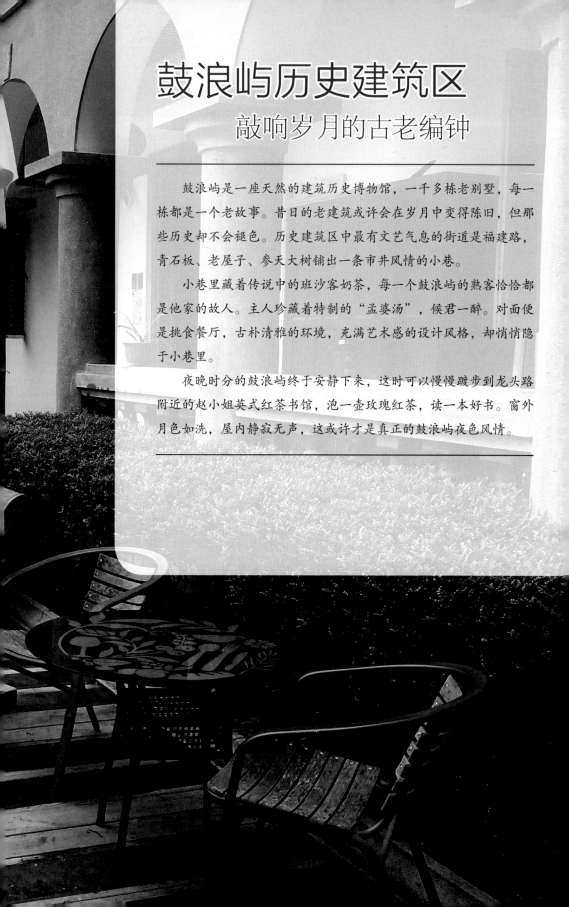

鼓浪屿历史建筑区
敲响岁月的古老编钟

　　鼓浪屿是一座天然的建筑历史博物馆，一千多栋老别墅，每一栋都是一个老故事。昔日的老建筑或许会在岁月中变得陈旧，但那些历史却不会褪色。历史建筑区中最有文艺气息的街道是福建路，青石板、老屋子、参天大树铺出一条市井风情的小巷。

　　小巷里藏着传说中的班沙客奶茶，每一个鼓浪屿的熟客恰恰都是他家的故人。主人珍藏着特制的"孟婆汤"，候君一醉。对面便是挑食餐厅，古朴清雅的环境，充满艺术感的设计风格，却悄悄隐于小巷里。

　　夜晚时分的鼓浪屿终于安静下来，这时可以慢慢踱步到龙头路附近的赵小姐英式红茶书馆，泡一壶玫瑰红茶，读一本好书。窗外月色如洗，屋内静寂无声，这或许才是真正的鼓浪屿夜色风情。

林氏府公馆
——回到昔日荣光

鼓浪屿上或许没有人不知道林氏府公馆，它不仅仅是岛上优质的酒店，更是一个百年世家的历史博物馆。甚至可以说，林氏家族的荣誉历史与鼓浪屿的辉煌岁月早已久久纠缠在一起，不可分割。

太多客栈追求复古，可惜大多只能学其形，那股内在气质里的复古优雅，需要真实的历史沉淀，无从模仿。林氏府公馆的复古情调，是自然而然的，它是一段历史的纪录片，能够带人走进那段烟花似锦的灿烂时光。

◆ **客栈特色**

- ◆ 鼓浪屿上高端的五星级酒店
- ◆ 原址为百年世家林氏家族的旧邸
- ◆ 著名古建筑八角楼就在其中
- ◆ 提供林氏家族传承的精致早餐

百年光辉岁月

贵族之气是无法模仿的，那需要百年岁月的沉淀，方可得一丝骨子里的从容与淡定。初见林氏府公馆那块黑色金粉字体的牌匾时，便感受到了深厚历史底蕴所酝酿出来的寂静与深沉。

林氏府公馆原封不动地保留了当年林氏家族的旧邸，只是对其进行了完善与维护，原汁原味地呈现了100多年前那个富豪家庭的生活气息。受古建筑格局所限，林氏府公馆并未追求现代化五星级酒店的宽敞大堂，而是将鼓浪屿上大名鼎鼎的八角楼底层改建为酒店大堂。八角楼建于1915年，是一座具有巴洛克元素的法式风情建筑。林尔嘉执掌林氏家族后，其子因化学实验炸毁了原来八角楼的部分建筑，后来重新修葺，特意请来法国设计师，加入了南欧风格，连接大小楼的空间，使林氏府的整体建筑更为完整。

稳重低调的贵宾楼

后花园里的喷水池

优雅复古的民国情调

林氏府公馆的大堂很小，却有着比其他酒店的金碧辉煌更让人肃然起敬的优雅古意。

大堂两侧各有一个偏厅，保留着过去大户人家接待客人的风格，低调却周到。一侧放着一台雅马哈钢琴，酒红色的沙发供客人休息，墙上挂着老主人的照片。另一侧的沙发分了主客位置，展示柜里陈列着老主人收藏的旧书，极为简洁的陈设，却散发着难以言喻的稳重与优雅。另外还有一间屋子是红酒会所，为住店客人提供专业的品酒服务。

最吸引我目光的是墙上的林氏家谱，自清朝乾隆年间开始记录，讲述了林家先祖迁居台湾后，一步步从私塾先生发展成为台湾首富的光辉岁月。林氏家族曾是台湾五大家族之"板桥林"，在日军侵占台湾后回到大陆，定居鼓浪屿，在乱世中寻了这个静谧之所，自此安居百年，留下家训，"能闲世人之所忙者，方能忙世人之所闲"。

人面不知何处去

林氏府公馆的花园不算很大，但却打理得极为精致，身处其中自然便生出气定神闲之感。花园的一角有石亭一座，石亭上爬满茂密的绿藤，藤蔓从亭角垂落下来，微风一

往昔的精致生活细节

过，轻轻摇摆。这个季节的炮仗花开得艳丽，像是给石亭戴上了一顶金黄色的礼帽。石亭旁边的山茶花也长得很高，在冬日里开满了艳丽的茶花，花朵太重，压得枝丫低垂，阳光洒落在花瓣上，一片岁月静好。石亭后方是翠竹和芭蕉，前面是喷泉与草地，整个画面像是一幅迷人的油画，却又多了自然的清新与生机勃勃。

切勿小看了林氏府公馆这不够气势磅礴的小小花园，闲庭信步于其中，才能感受到处处是景，处处是故事。在八角楼旁有一口单孔水井，距今已有百年历史，是林尔嘉时期开凿的。鼓浪屿是一座四周环海、无溪无源的小岛，岛上的居民都靠凿井取水而生，但那时只有极为富贵的人家才有财力在自家院子里凿井，林尔嘉是个宅心仁厚的富商，将自家这口私人水井免费对左邻右舍开放，以免他们走远路去挑水。百年岁月过去，这口古井依旧冬暖夏凉，常盈不缺，仿佛时光从未流逝过。

花园里还有一座木头凉亭，凉亭正对着的古樟树也已在这里静静地度过了上百年的岁月。四周的建筑物都曾在时光中经历了破损与衰败，唯有它，沉默无声地见证了一个家族的繁盛与离散，见证这人世无常、沧海桑田。没有悲喜，没有讶异，只是淡淡地、悄悄地，洒落满园香樟的芬芳。百年荣光如梦醒，雕栏玉砌应犹在，只是朱颜改。

优质舒适的床上用品

定静能闲的世家气质

  林氏府公馆的大楼，又称公馆楼，原本是一位英国船长的别墅，以纯正的英式风格修建，1895年被林氏家族购买。1999年的一天，14号台风刮倒了院子里的一棵木棉树，木棉树倒下时摧毁了公馆楼的一角。2006年，又是一场台风，终于使得百年历史的公馆楼完全倾倒，于是正式开始了重建与维护。

  所谓重建，并非要改变历史的模样，而是在原址上，照着原来的建筑图样，重新赋予历史以新生。在百年的岁月中坚守不变的情怀，所需要的是世家风范所传承的专注与从容，如同八角楼里墙上的一句话，"深墙后的神秘与尊贵，闲适与静谧的世家府邸"。

  当我从服务生手上接过复古的木质钥匙牌时，仿佛接过了一份沉甸甸的岁月荣耀。木牌上的八个字，默默讲述了林氏府公馆远远不同于一般五星级酒店的内涵，"百年府邸，定静能闲"。

  客房楼下的大厅流露出极为浓郁的民国风，各种陈设尽显百年前富豪家族的奢侈与尊贵，但丝毫不张扬，只在低调中坚持生活的品质感。林氏府公馆的房间宽敞、大气、低奢，最重要的是，一桌一椅都让人如同穿越回民国时代。这眼前种种分明是旧日里大

1	
2	3

1. 早餐提供林氏家族的传统配菜　　2. 复古的钥匙牌充满中式的精致美

3. 床头的电话机

户人家的生活细节，推开窗户，整个花园的风景尽收眼底。房间的舒适度大可不费笔墨去陈述，干湿分区的卫浴设施，优质的洗浴用品，免费的啤酒、牛奶、可乐……各种细节都可算是尽善尽美。

　　尤其值得推荐的是林氏府公馆的早餐，传承了百年前林氏家族的早餐习俗，提供九宫一格的海参粥套餐。这才是真正低调而精致的世家生活，无须热闹，以精胜多，淡定从容。

📍 客栈资讯

地　　址：厦门市思明区鼓浪屿鹿礁路11-19号

电　　话：0592-7398888

预订方式：网络/电话

房间价格：1000～10000元（旺季价格有浮动）

92城堡别墅度假酒店
——只是一个童话

每次路过复兴路时，都很难不被那一大片蓝色所吸引，92城堡像是童话里神秘而低调的古堡，让人憧憬里面的风景。坚固的青石墙遮挡了所有的视线，只能仰望阳光下的那几缕清澈纯净的天蓝色。石墙上只开一扇小门，藏起一份静谧、一室风情。

92城堡的主人一定有着深深的欧洲童话情结，才会选择在鼓浪屿这片浪漫的土壤上建筑起这样一个童话王国，让每一个踏入92城堡的人都仿佛误入了童话世界。

◆ 客栈特色

◆ 气势雄伟的欧式复古建筑
◆ 漂亮的露天花园餐厅
◆ 花园里有酒吧吧台

最爱巴洛克

92城堡的四周都围着坚固的青石墙，路人只能透过墙上的花纹缝隙一睹围墙内的神秘风景。参天大树长得很高，从围墙里探出头来，树冠如云。还有那栋螺旋梯造型的建筑物，青灰色里的那片皎洁的蓝，在阳光下熠熠生辉。

92城堡只打开一扇不算大的门，可是大门正上方顶上那只雄鹰，却展露出不一般的气势。踏进大门便会为眼前这栋巴洛克建筑风格的大楼所震撼，青灰色的主体弥漫出沉稳与低调，精美的雕花与天蓝色的木窗则散发出梦幻的气息。大楼两侧各有一头石雕大象，仿佛童话里神的坐骑，乖巧地立在那里，等候主人的驾临。

白雪公主餐厅

92城堡的前门处有一个极美的露天花园餐厅，花园的正前方有一个水池，水池里有两个大鲤鱼雕像，憨态可掬，池底深处还有小海豚随波逐流。而水池的边沿处，则站着

青灰色与地中海蓝交织的别墅

白雪公主和她的七个小矮人，四周鲜花似锦，鸟鸣树幽。

　　花园餐厅提供中西式简餐，也提供下午茶套餐。若是阳光明媚的天气，92城堡的花园一定是岛上合适休闲的地方。身在院子深处的静谧，抬头却是开阔的蓝天，恍惚中如在旷野，私人的秘密的世界。而围墙外热闹的人声，似远似近。

荡起风中的秋千

　　92城堡的花园里还有一个漂亮的酒吧吧台，每当夜幕降临后，这里就会亮起彩灯，为寂静增添了一分人气。客栈的后院有一栋较高的楼，站在围墙外便能仰望，有造型别致的螺旋楼梯、天蓝色的铁艺栏杆旋绕而上，十分精美。

　　最让人惊喜的是客栈的后院还有一个宁静雅致的小花园。木头花架和桌椅，两个在风中摇晃的秋千，各种陶罐里清新的植物，门口穿黑西装戴黑色礼帽的神秘先生雕像，

露天花园的一角

以及角落里微笑的弥勒佛，都让心情不由自主地轻松愉悦起来。或许在这小岛上哪里也不必去，在后院里度假就足够。

📍 客栈资讯

地　　址：厦门市思明区鼓浪屿复兴路92号
电　　话：0592-2575888
预订方式：网络/电话
房间价格：300～1000元（旺季价格有浮动）

爱菲儿度假酒店

——无意苦争春

爱菲儿的花园店就在著名的海天堂构对面，距离林氏府公馆也就十几米的距离，但是依旧不易被人发现。

在岛上众多的客栈里，它太安静，太低调，太不惹人注目，但正因为如此，爱菲儿才给客人保留了度假的情调，无目的，自由自在。当游客都挤在海天堂构的门口参观时，你只需要推开一扇窗，便能把那份艺术的精美尽收眼底。

◆ 客栈特色

- ◆ 氛围古朴幽静，设计欧式化
- ◆ 闹中取静的绝佳地理位置
- ◆ 工作人员颜值高
- ◆ 赠送点心和地图

沉默的守候

傍晚时分，海天堂构附近的游人散去，小路上安静了下来。黄昏时的爱菲儿格外沉默，朴质的青灰色石墙在落日的余晖下显得有些寂寥。大门旁原本有一家小小的杂货铺，或许是春节期间人手不够，那几日一直没有开门，要不倒是能增添几分热闹。

或许爱菲儿原本就没打算热闹起来，它静静地矗立在繁华的海天堂构对面，不声不响地将满园的低奢情调都遮盖起来，只留给住店的客人独享。若非院子里茂密的大树枝丫伸出墙头来，洒落一地树荫，怕更是无人能注意到那快要被磨灭的石头上的单词——EIFFL。

不远的距离

走进爱菲儿，会惊讶于它欧式风情下的安静与低调，院子不大，却处处是景。即便只

爬满鲜花的小楼

1 | 2　　1. 藏在庭院中的客栈　　2. 傍晚时分的花园

是站在楼下随意抬头，便能看到这栋古老的小楼几乎完全被鲜花覆盖，美得像个童话。

　　爱菲儿的主色调是地中海蓝，却又没有那么鲜艳，而是多了一点淡淡的粉混杂其中，更显得文艺与素雅。蓝色的阳台柱子上，粉色的蔷薇和金色的炮仗花开了一朵又一朵，如同色彩交织的锦缎，给老屋增添了清新自然的魅力。

　　爱菲儿的服务人员也保持着一种淡然的气质，他们不会靠你太近，保持恰到好处的距离，保留客人度假的舒适感。

百年的寂静

　　天色再暗一些，爱菲儿里华灯初上，整个酒店仿佛披上了一层朦胧的轻纱，几分说不出的神秘，让人沉醉。墙角的那排木栅栏上挂满了绿色的植物，灯光洒落下来，远远望去，像是一幅油画藏在酒店的暗处。

　　房间里的风格也是欧式化的，浴缸房大受欢迎，相比较其他客栈而言，性价比较高。只是或许由于老屋的热水系统不够完善，据说有时热水会有欠缺。不过这栋近百年的老别墅风情，足以弥补旅途中所有的遗憾。

⚲ 客栈资讯

地　　址：厦门市思明区鼓浪屿福建路22号

电　　话：0592-2064877

预订方式：网络/电话

房间价格：300～1000元（旺季价格有浮动）

画廊旅馆（文艺复兴馆）

——印象派气质

画廊旅馆在鼓浪屿上有好几家店，其中文艺复兴馆人气最旺，不仅地理位置优越，更重要的是，哪怕不住店，他家的塞尚花园咖啡馆也是值得一去的。

即便是在处处皆文艺的鼓浪屿上，画廊旅馆也可算其中艺术氛围颇为浓郁的客栈，主人极其认真地营造了细节的感染力。当你踏进画廊旅馆时，恍惚中便回到了那一段人类的艺术鼎盛时光。

◆ 客栈特色

- ◆ 文艺情调十足的客栈
- ◆ 塞尚花园咖啡馆环境幽雅
- ◆ 早餐颇受欢迎

艺术属于生活

复兴路上这家画廊旅馆真是得天独厚，老板或许受到道路名字的启发，不如就来一场文艺复兴吧。于是塞尚的印象派风格成了整栋客栈的基调，将艺术与自然和生活相融合。

在安静的小路上一眼便能看到塞尚咖啡的广告牌，画面上的海鲜意面让人垂涎欲滴，于是情不自禁踏上台阶，那栋古老的小红楼便赫然出现在眼前。

法式乡间小屋

红砖墙、白门窗、绿树依墙立，这便是画廊旅馆给人的第一印象。小小窗户护栏上那些开得正艳的五颜六色的小花朵，浓郁的欧洲风情扑面而来，像是偶然间闯入了法国乡下的某间小屋。

客栈里的环境也渗透了法式印象派风格，房间面积不大，却舒适、文艺、清新。这

客栈楼下的咖啡馆

家画廊旅馆距离三丘田码头不远，因此常常住满客人，但是并不觉得喧闹与嘈杂，始终保持着宁静与惬意的悠然。特别是一到晚上，仿佛整个世界都安静下来，只有花园里轻声的虫鸣。

鼓浪屿之歌

这里最大的特色还是塞尚花园咖啡，就在客栈的小花园里，不太大，却环境优美雅致。最爱角落里鹅卵石搭建的水池，水池边的绿叶郁郁葱葱，中间有一些紫红色的植物，像是给鹅卵石铺了一张彩色的布。水池上方有个陶罐，一只小鸭子从陶罐里探出头来，不断将新鲜的流水吐到水池中，极为别致的造型。水池中有睡莲，还有各种叫不出名字的水生植物，生机盎然。

咖啡馆到了晚上会变成酒吧，大部分时候都有歌手来驻场。于是住店的客人们三三两两下楼来，坐在花园里，一瓶啤酒或是一杯咖啡，听着有些沧桑的歌声，度过闲适的鼓浪屿之夜。

$\dfrac{1}{2}$　1. 客栈的大厅也充满了艺术气息　2. 小鸭吐水的情趣

📍 **客栈资讯** ────────────────

地　　址：厦门市思明区鼓浪屿复兴路67号

电　　话：13906042081

预订方式：网络/电话

房间价格：200～600元（旺季价格有浮动）

箜曲音乐酒店

——此曲只应天上有

鼓浪屿的底蕴是与音乐无法分开的，如今岛上的钢琴博物馆也是著名的景点。虽然时光改变了小岛太多模样，如今的游人极少单纯为感受音乐而来，但鼓浪屿依旧与音乐有着剪不断的缘分，那些珍藏过往旧物的博物馆里至今依然保存着丝丝往日的弦音。

箜曲音乐酒店是少见的一家音乐主题酒店，安静地藏在小巷深处，鲜为人知。一旦走进去，你就会迷失在惬意的宁静时空里，似乎能听到多年前岛上迷人的音乐声。

◆ 客栈特色

- ◆ 以音乐为主题
- ◆ 藏在小巷深处，十分安静
- ◆ 花园里风景如画，后院清净闲适
- ◆ 不定时举行音乐会

海边的笙歌

箜曲音乐酒店藏在复兴路的一条小巷子里，若不是一路循着林氏府公馆的足迹走到这里，很难发现它的存在，但若是看到它一眼，便会被它深深吸引。带有神话色彩的欧式石门上有展翅的鹰，有嚎叫的狮，充满了奇异的玄幻美。

从外面看客栈的大楼，那一片淡淡的蓝色涂抹出了另一种不同意境的地中海风韵，那是属于鼓浪屿的海。远处的海风与抬头可见的蓝天，都交融在酒店这片写意的蓝色里，仿佛奏响了一曲笙歌。

白色安琪儿

箜曲音乐酒店前院的小花园很宁静，各种绿色植物错落有致地簇拥在一起，层层叠叠地铺满了整个草地。一个手捧水盆的白衣少女天使站在大丛的植物里，垂眉低眼，有

草丛里的素净时光

冬日里的日光浴

室内休息区的一角

一种无法言喻的静谧之美。

另一侧的草丛里则摆放着素朴清新的旧木桌椅，在小小的一片天地内营造出了不同的意蕴与情境，像童年时学校里的花台，自然素朴，却充满了盎然生机。坐在这片树荫里，闻着清甜的青草香，好想在这冬日的暖阳里无所顾忌地酣眠一场，无拘无束，自由而惬意。

千年南音曲

筌曲音乐酒店里有处特别惬意的休息地，在主楼外侧的一角，铺着木地板，几把白色的遮阳伞，几张舒适的沙滩椅，还有与主楼的蓝色相呼应的蓝玻璃桌，恍惚间以为误入哪个海滩，你大可在这里懒洋洋地躺下来，晒着太阳，面朝大海，春暖花开。

筌曲音乐酒店与岛上许多音乐机构都有合作，去的时候刚好遇到南音艺术家蔡雅艺老师举办的"南音雅艺"音乐会，住店客人可以凭房卡免费欣赏。一曲南音，带人仿佛回到千年前的汉唐，与岁月同醉。

♦ 客栈资讯

地　　址：厦门市思明区鼓浪屿复兴路86-88号
电　　话：0592-2062599
预订方式：网络/电话
房间价格：300～800元（旺季价格有浮动）

罗马假日南洋会
——另一种蓝与白

在海边的客栈大多都会采用地中海风格的设计，可是鲜有一家如同罗马假日南洋会这般自然与丰富，毫不突兀，也不与他人雷同。南洋会的蓝与白是一幅清新天然的静态油画，在阳光下弥漫着璀璨却又内敛的生命力。

路过罗马假日南洋会时，首先被吸引的必然是漂亮的大花园，各种下午茶套餐给路人提供了小憩的理由。而当你真正走进罗马假日南洋会时，才会惊讶于在这临街的繁华里原来藏了一个如此迷人的静谧世界。

◆ 客栈特色

- ◆ 浪漫的地中海风情
- ◆ 几栋复古风情的小楼
- ◆ 花园面积很宽敞，风景绝佳

风景出墙来

罗马假日南洋会或许是福建路上最吸引人的一家客栈，整面石墙都用来雕刻巨大的字体，而矮墙内的花园则藏也藏不住地露出迷人的风光来，引得路人驻足。

路边的欧式拱门上爬满金黄色的炮仗花，门口放着一块小黑板，介绍了几款简餐，在鼓浪屿上算是价格实惠。另一块白色木板上写着下午茶和电影酒吧的字样，让我开始憧憬起这家客栈的花园餐厅来。

动静两不误

罗马假日南洋会的主楼是蓝白二色，白色的墙，蓝色的门窗。每一扇天蓝色的窗户下还开着一串艳丽的三角梅，像是素颜上一抹清亮的唇彩。罗马假日南洋会的地中海风情元素非常丰富，绝不只是简单的线条勾勒，许多细节上都流露出艺术气息。拱门上的白色蝴蝶，蕾丝花布下粉嫩的布艺沙发，以及油画效果的花瓶，都为客栈营造出一种极

$\dfrac{1}{2}$　1. 沧桑却依旧优雅的石墙　　2. 地中海风情的小屋

为浓郁的浪漫风情。

　　与这份绚烂的色彩做对比的是花园深处的一栋小红楼,看上去有些历史了,古色古香,复古的红砖墙极为简朴。小楼的青石阶和白纱窗都掩藏在大片茂盛的植物里,极为幽静,成为客栈里另一种风情的小天地。

曲径通幽处

　　罗马假日南洋会的花园十分宽敞,这在寸土寸金的鼓浪屿上可不多见。花园大到可

各种细节都充满了艺术美

让人缓步探幽，而非其他客栈的花园那般，一眼便可尽收眼底。一排排白色的藤编椅和蓝色的花桌布，还有院子里的一棵棵参天大树，营造出难以言喻的浪漫风情来，使人沉醉其中。有许多有趣的角落让人流连忘返，比如大树下那面地中海风情的欧式白墙，开了一扇小门，延伸出崎岖的石板路，曲径通幽。

到了晚上，花园里会播放露天电影。客人们都不再出门，大多就在客栈里一边就餐一边看电影，享受宁静的度假时光。

📍 客栈资讯

地　　址：厦门市思明区鼓浪屿福建路31-33号

电　　话：0592-2519887

预订方式：网络/电话

房间价格：200~600元（旺季价格有浮动）

书店
SHUDIAN

赵小姐的英式红茶书馆

——梦回英伦

往昔的鼓浪屿是真正的度假天堂，离繁华那么近，却又远离尘世喧嚣。岛屿上山清水秀，居民淳朴憨厚。岛上的日子悠然缓慢，人人宛如世外神仙。偶尔遇到一家小店，榨一杯百香果，捧一本书，便可逍遥一天。

如今，岛上的生活越发精致起来，少了过往的原始与自然。可是未必不惬意，比如偶遇赵小姐的英式红茶书馆，换种阅读的方式，照旧偷得浮生半日闲。

◆ 书店特色

◆ 英伦复古风格，环境舒适典雅
◆ 在老码头区域，地理位置绝佳
◆ 各种书籍较为丰富，为岛上提供阅读空间
◆ 招牌馅饼拼盘性价比高

历史的滋养

赵小姐是鼓浪屿上的赵小姐，在那个烟花似锦的年代，赵小姐是岛上一个大户人家的千金小姐。半个多世纪前，赵小姐一家离开了鼓浪屿，漂洋过海去了海外。后来赵小姐的孙女为了纪念祖母，委托好友在祖母的老家鼓浪屿上开了大名鼎鼎的"赵小姐的店"。

如果说鼓浪屿上还有哪家店的名气可以与"张三疯奶茶"媲美，那必然是"赵小姐的店"。赵小姐的店一开始主要卖各种手工馅饼，吸引了许多游人前来购买，作为带回家的手信。

多年过去，赵小姐的店和张三疯家一样，生意越做越大，在曾厝垵、在厦门市区都开了多家分店，经营的品种也越来越多。然而这两家店有一个共同特质，那就是它们

最新上架的图书

的根都扎在鼓浪屿，不可移动，不可磨灭。若是没有鼓浪屿曾经的人文历史底蕴滋养，它们便只是一家普通的旅游商店，失去了那种能打动旅人情感的魅力。鼓浪屿赋予了张三疯家一种关于人生幸福的感染力，给予赵小姐家的，却是一种古典的、优雅的贵族气质，以纪念那一段消逝在历史浪涛中的情怀。

繁华隔壁是书香

鼓浪屿上也有好几家赵小姐的店，大多以经营手工馅饼为主，每天都挤满了游客，尽管室内环境装修得很精致，但依旧避免不了喧闹与嘈杂。不大喜欢吃馅饼的我，每次路过赵小姐的店时都匆匆而过，尽量远离人头攒动的店铺。于是偶遇赵小姐家的这家英式书店，成了一件令人惊喜的事，才让我第一次真正走入了赵小姐家的世界。

赵小姐的英式红茶书馆，就开在最繁华的龙头路。龙头路毫无疑问是鼓浪屿上最热闹的区域，形形色色各种小吃，五花八门各式纪念品，还有招揽客人的商家，使得这一片如同岛上的集市。这一区域内几乎所有的店铺都是针对来去匆匆的游人设置，但凡要享受宁静与悠闲的咖啡馆或是餐厅都不会开在这里。

复古英伦风的室内设计

　　可是让人惊讶的是，作为鼓浪屿上唯一一家精致的文艺情调书店，赵小姐的英式红茶书馆，偏偏就选择开在了这片区域内。不过奇妙的是，这条小路与另一侧的繁华背对背，那么近的距离，却鲜有人来，格外幽静。相比起买馅饼的游客，来赵小姐家看书的人不多，我好几次到书店，店里都只有一两桌客人，音乐悠扬，宁静舒适。对于要在鼓浪屿上停留一段时间的我来说，找到这家书店，便如同找到了天堂。

精致的英伦情怀

　　赵小姐的英式红茶书馆是典型的英伦设计风情，厚重的实木门窗价值不菲，整体调性以自然、优雅、含蓄、高贵为主。书店里的图书是岛上最丰富的一家，以文学、旅游、艺术类的书籍为主。沉甸甸的实木书柜增添了设计风格的华丽与尊贵，在这冬日里又给人以温馨的安全感。在各种灯饰的选择上，主人也颇为用心，素朴平凡中带有浓郁的复古情调。进门处是宽敞的吧台，选好书后在这里付款，也可以在吧台点饮品和糕点，然后坐在书店里免费阅读。

　　书店的面积不算很大，但设计十分巧妙，书柜靠墙环绕四周，中间的区域空出来摆

1. 看着书，打着盹儿   2. 红茶与赵小姐家的馅饼   3. 自己加奶的冰伯爵茶

放桌椅。家具都是深棕色，沉稳低调，像是回到了英国的维多利亚时代，有一种内敛的艺术美。最里面是一张长沙发，深色调，上乘的皮质，是客人们颇为喜欢的位置。靠墙的位置是木头桌椅和两张单人沙发，灯光的亮度刚好，恰恰适合读书。

坐在这家书馆里，全神贯注地阅读一本好书，会让人遗忘身在何处。书馆里的氛围与外面的世界决然不同，仿佛推门出去，你看到的应当是查林十字街车站，而非游客聚集的龙头路。作为赵小姐家旗下的书店，必然会提供招牌馅饼作为餐点，书馆里有一种小份的馅饼拼盘，只需十元，但通常都会卖断货。我去了好几次，终于在离开鼓浪屿的头一天晚上，有幸买到了最后一份馅饼拼盘。

拼盘内一共有四种口味的馅饼，我又点了一杯玫瑰红茶，在冬日里静坐于书馆中，享受最后一个鼓浪屿之夜。这样的氛围与闲适，才是度假旅途中最愉悦的经历，然而很多游人或许并不这样认为，因此书馆里才始终保持了如此的清净。连续几天我都去书馆里看《荆棘鸟》，每次离开时将书签插到所看的位置，第二天去一切依旧，没有人动过。这究竟是种遗憾，还是一种幸运？

📍 书店资讯

地　　址：厦门市思明区鼓浪屿龙头路58号

饮品店
YINPIN DIAN

班沙客奶茶店
——岁月沉淀出的传奇

如果说鼓浪屿上你只去一家饮品店，那答案便是班沙客。有一些对鼓浪屿最熟悉的老饕客知道这家小小的奶茶店，藏在不为游客熟知的市井小巷中。

班沙客店面很小，老板一人兼任料理师和侍者。在鼓浪屿上，已经度过多年的岁月。也许连老板自己都快要忘记他是哪一年心血来潮地开了这样一家小店了，一开就是这么多年。

◆ **饮品店特色**

- ◆ 老板是鼓浪屿土著，保留着过往的生活气息
- ◆ 招牌奶茶已是岛上的传奇
- ◆ 每年只卖一款蛋糕

市井寻常人家

鼓浪屿上优质的咖啡馆不多，奶茶店更不必说，大部分只是迎合随船匆匆而来又匆匆而去的游人们而提供的快餐，这使得鼓浪屿似乎总欠缺了些什么，它有那么美的碧海蓝天，有山林与沙滩，却少了些往日的人文气息，少了厦门市区最迷人的那种市井生活。

记得多年前来鼓浪屿，这里几乎所有商家都是岛上的居民，以小贩小店的模式靠海吃海。生活恬淡，时光悠然，鼓浪屿就是一个可以缓步慢行的世外桃源。而今水月总相似，种种情趣则不同，时间带走了避世的诗情画意。

若不是偶遇班沙客，我的鼓浪屿之行一定有很多遗憾。那日鼓浪屿下着绵绵细雨，我一个人走在人烟稀少的福建路上，离开龙头路区域后，两旁的建筑风格渐渐改变。越往深处走，房屋越是变得朴质而简洁，映入眼帘的不再是豪门大户，而是带有小岛渔民

225

一个人的店，一个人的传奇

生活痕迹的寻常人家。在道路的一侧，有一家很小的店面。小店的外观很普通，只刷着原始的白色石灰墙，招牌有些旧，窗台上放着几盆简单的植物。

可是它的名字很特别，让人过目难忘。总觉得似曾相识，或许多年前曾见过，如今依稀恍惚又出现在眼前，像一场旧梦，被再度唤醒。班沙客，这三个字像一个藏着故事的魔咒，开启了曾经对鼓浪屿的全部向往。它是一段浪漫的过往，一段尘封的记忆，一段不灭的传奇。

六年前的孟婆汤

推门而入，室内的音乐声悠扬，只有老板站在硕大的吧台后跟随音乐轻哼小调，一派闲适自在的模样。店的面积很小，于是感觉吧台分外宽敞，几乎占据外室空间的一大半，而事实上也只是三四张吧台椅的位置。

老板是土生土长的鼓浪屿岛民，据说这间小屋是他自己的祖产，于是一直经营了许多年，也不扩张，默默地守着过往的生活方式，悠闲惬意地度过生活中平凡的每一天。出生在鼓浪屿上的人们是幸运的，许多年以来，这里真是一个世外桃源般的存在。与红

简洁温馨的空间

尘俗世的繁华隔海相望，不过十来分钟的航程，退一步时，蓝天白云依旧，碧海沙滩无忧。小岛上的山水如天地精心雕琢的自然园林，日复一日，年复一年，岁月如水，时光如歌，恬淡的、舒缓的，可感受生命里最愉悦的宁静。

但或许这样的寂静无为久了，独守小岛生活的老板觉得有些无聊，便把精力用到了研发各种美食上。经过多年岁月的无声沉淀，班沙客渐渐成为一个低调的传奇，在坊间流传。如果你是第一次到店的客人，老板必定建议你试试名气最大的班沙客奶茶，还会自信地告诉你，他做的奶茶独一无二。

班沙客奶茶只能做冰品，在新鲜的奶茶中加入了奶油和调酒，再用机器打得很细致，上面会出现一层细密的奶泡。老板将奶茶递给你，会对你微笑，然后命令道："第一口，要大口地喝。"很有趣的体验，一大口冰奶茶喝下去，再慢慢回味茶香奶浓，奶油的甜与些许酒精的醉。

除了班沙客奶茶，老板自创的咖啡、冻顶乌龙调味茶和各式鸡尾酒也颇受回头客的欢迎。去的那日，有一位六年前来过的客人闯进来，问老板，"这一次我可以喝'孟婆汤'了吗？"老板笑了，说不可以，你还要试试能不能通过前面的考验。"孟婆汤"是店里的另一款招牌鸡尾酒，酒精浓度高，老板不轻易提供，除非你能证明你的酒量。

1 | 2 | 3
4 | 5

1. 全国各地寄来的明信片　　2. 传说中大名鼎鼎的班沙客奶茶
3. 老板的招牌现磨咖啡　　4. 秘制的柠檬乌龙　　5. 新款班多士蛋糕

每年只卖一款蛋糕

小小的奶茶店分为外室和内室两部分，外室大部分的空间都被吧台占据，只有最靠里面的角落里有两张双人沙发和一张矮茶几。沙发是香芋紫，配套的抱枕在紫色上增添了一些黑色的花纹。泛旧的木茶几上铺了一张极淡的素色桌布，旁边堆了一摞杂志，极为普通的环境却营造出一种随意的温馨感。这是我最喜欢的奶茶店风格，远比装饰得豪华精致的店铺更让人温暖而放松。

内室更小，左右两边各有一个位置，左侧的桌子是在石墙上钉了一块高度合适的木板，同样是香芋紫的布艺双人沙发，还有同色系的台灯灯罩。沙发上铺了桃红粉的坐垫，为这小小的空间增加了一丝甜蜜的梦幻。另一侧则有一张茶几，上面铺了红黑格纹的桌布，搭配深棕色沙发和墨绿色的坐垫。桌子上有一个小黑板，推荐老板今年新研发的蛋糕——班多士。班沙客每年只卖一款蛋糕，每一年过去便换一种，过往的美味成为记忆，再不回来。他希望你珍惜眼前的，珍惜当下。

班沙客的存在就是一种当下的缘分，它连接着鼓浪屿的过去与未来，如果想要感受鼓浪屿昔日的市井氛围，不妨去坐一坐，看看在命运中会遭遇哪一款属于当下的蛋糕。

📍 饮品店资讯

地　　址：厦门市思明区鼓浪屿福建路6号(近复兴路)

电　　话：0592-8651014

人均消费：60元

特色推荐：班沙客奶茶、班多士蛋糕

张三疯欧式奶茶店
——只猫的故事

很多年前，鼓浪屿上有一只猫，它有一个让人无法忘怀的名字，叫作张三疯。因为这个有趣的名字，这只猫成就了岛上的一家奶茶店。无数人因为这只猫而爱上这家店，张三疯奶茶的名气越来越响，渐渐成为鼓浪屿的一个标志、一个传奇，后人再难超越。

多年后，那只叫张三疯的猫或许早已被主人养在家里『退休』，可是张三疯奶茶店经营的范围却越来越广。如果说只能在鼓浪屿上买走一样纪念品，我的选择必然是张三疯家的文具。

◆ 饮品店特色

- ◆ 厦门名气最大的奶茶店
- ◆ 室内环境舒适，可以久坐
- ◆ 各种丰富的纪念品很讨人喜欢
- ◆ 不必动脑筋选择，奶茶只有一种

记忆中的味道

第一次到张三疯奶茶店是多年前的初夏，厦门的天气当时热得让人难以呼吸。在耀眼炎热的阳光下急匆匆闯进一家开着空调的奶茶店，喝一杯冰冻的奶茶，那种清凉舒心的感觉，一直让我难以忘怀。在那种情况下，谁还在乎奶茶的味道是否够精致。

自从张三疯奶茶的名气越来越大，人们对它的要求也越来越多，许多人挑剔他家的奶茶太普通。不过有一点，多年过去了，他家还坚持着20元一杯的价格不变，这也是一种态度。

往昔的快乐生活

作为鼓浪屿标志的张三疯奶茶，如今在厦门市区和曾厝垵里都有分店，但总觉得不

1. 琳琅满目的纪念品　　2. 它是鼓浪屿上名气最大的一只猫
3. 不管你喜不喜欢，它总是最受欢迎的

如鼓浪屿上这家有纪念意义。无论人们如何评说它的奶茶，张三疯奶茶店里永远不会缺少游人。

我不是特别喜欢他家的奶茶，但是我喜欢张三疯这家奶茶店，咖啡色主调，满墙关于张三疯这只幸福的猫的快乐生活，让人的心情会莫名其妙愉悦起来。在某种程度上来说，张三疯的快乐一天，才是往昔小岛生活的魅力诠释。

传播幸福的真谛

即使张三疯家的奶茶有些普通，但是他家这些年坚持创意设计的纪念品却是我的大爱。最早来的那一年，我便买走了一套"张三疯快乐一天"的冰箱贴，至今还在使用。今年再度到访，发现他家多了不少有趣的产品。

张三疯奶茶店是一家传播幸福的店，我想这才是它在奶茶味道普通的情况下依旧火

了那么多年的本质原因。他家的产品里浓缩了生命中满满的幸福感，让人很想拥有那一只猫所诠释的生活方式。于是这一次我依旧无法抵挡这份幸福的诱惑，临走时买了一本笔记本和一个小相框做纪念，纪念属于鼓浪屿的幸福时光。

📍 饮品店资讯

地　　址：厦门市思明区鼓浪屿龙头路264号
人均消费：20元
特色推荐：张三疯奶茶

齐诺伊老墅咖啡
——花开半夏

我已经记不清自己是第几次吐槽鼓浪屿上的餐厅了，事实上，厦门许多当地的客栈老板同我聊起过这个话题。可见，如果在鼓浪屿上多住几天，吃饭的问题一定足够让人头痛。当你的胃口已经被针对游客的油腻海鲜败掉，其他稍微好些的餐厅就价格昂贵时，那你一定要无比庆幸齐诺伊老墅咖啡的存在。

齐诺伊虽然号称咖啡馆，但最让人迷恋的是他家的简餐，价格便宜，味道出色。最重要的是，足够家常，更足够青春。

◆ 餐厅特色

- ◆ 鼓浪屿上性价比最高的餐厅
- ◆ 当地中学生聚集地
- ◆ 烤肉叉烧的味道可打高分
- ◆ 中午套餐赠送饮品

珍藏青春岁月

深度旅行对于我的意义在于，到了某一个陌生的地方，不走马观花，不随波逐流，尽可能地走入当地人的生活，在一茶一饭间体会不同的人文情怀。然而不管靠得多近，我也终归是个旅人，是个过客。这一方水土养育出来的生活方式，我可以尝试，但也只是个观照者的身份，进不了庐山的深处。

不过这已经足够了，感受过、体会过，享受着人生万花筒般的绚烂与精彩，却只需挥一挥手，不带走一片云彩，把那一刻最美妙的时光永恒地刻在记忆深处，组成一幅五彩斑斓的人生图画。

在逐渐成长的岁月里，时间冲淡了往昔的静谧与悠然，但总有些关于青春的美好片段在我们心中深藏。于是这些年关于怀念青春的电影越来越多，或许有一代人，真的开

外面是一家海鲜排档，不容易发现

始远离青春岁月了。然而电影终究只是电影，在电影院的黑暗里流泪，灯一亮，一切如故。还好有一些地方，用另一种方式珍藏了青春的气息，偶然遇见，使令人难忘。

曾经在大理长住的日子，特别喜欢人民路下段的小巷子，旁边便是中学，有许多特地针对学生开的小餐厅，远离了喧闹的游客，只有三三两两的学生前来，便宜的咖喱饭和几块钱一杯的现磨咖啡，构成了我对大理最美好的记忆。然而这一切随着大理旅游业的发展再也回不来，却没有想到这一次在商业化多年的鼓浪屿上，还能寻觅到齐诺伊这样一家充满青春气息的餐厅。

夏日里的数学题

齐诺伊藏在一栋很大的老房子里，老房子的院子里开了一家海鲜大排档，与岛上所有的大排档一模一样，没有什么特别。老房子距离龙头路很近，来吃饭的客人不少，自然院子里的环境便有些杂乱。我第一次寻觅而来时有些茫然，这看上去可不像一家咖啡馆。问了问大排档的工人，他指向院子深处，我慢慢走进去，看到老房子的一楼角落里开着一道小门。齐诺伊就如此秘密地藏在这个小门里面。

齐诺伊的面积很小，分了外间和内室两个部分。外间稍微大一些，放下两个位子，能坐八九个人。墙壁是大块的原石，由于深藏在老房子的偏僻处，很有些原始古朴的气

老板的收藏品

息，像是一个隐秘的防空洞。店主在原石石壁上用崭新的木板做了柜子与隔板，用来收藏各式飞机模型，以及展览他们的原创明信片。

店主读书时一定吃过数学老师的亏，怀恨在心，不打算爽快地把WIFI密码告知客人，而是把一道中学难度的数学题写在小黑板上，让客人自己计算。多年不做数学题的大人望着小黑板发呆，而这里的常客几乎全都是鼓浪屿上的中学生，这道题对他们来说根本不算事。大人们坐在一旁看着他们笑嘻嘻地在手机上输入WIFI密码，而自己实在不好意思启口问一句："同学，这道题的结果是多少？"

回到学校食堂

内室的大部分空间被吧台占据了，余下的地方搁置了三张小桌子。内室的装饰照旧很简单，却文艺范儿十足，这似乎是许多大餐厅花钱也酝酿不出来的氛围。沙发有些破，墙壁有些脏，可又怎么样，一切足够舒适，足够惬意，足够让人悠闲自在、无拘无束。

店主很年轻，看样子是鼓浪屿当地人，在岛上读书毕业。他推出了午间套餐，一个简餐配一杯饮料，价格便宜，深受岛上中学生们的喜爱。一到饭点，学生们穿着校服挤了进来，叽叽喳喳地聊着当天学校的趣闻。小小的齐诺伊里弥漫着朝气蓬勃的活力，人

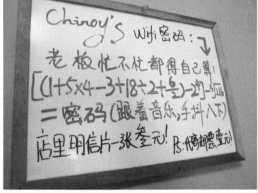

1	3
2	4

1. 个性化十足的LOGO　　2. 这个密码你算得出来吗
3. 性价比较高的现磨咖啡　　4. 非常好吃的叉烧饭

生中所有的烦恼似乎都在一群孩子的嬉笑打闹中变得微不足道。原来让成人们痛苦的不是生活本身，而是岁月的流逝使人忘却最简单的快乐。

是的，在齐诺伊里一餐饭的时光，足以让人找回青春校园时光里的那种快乐，简单、纯净、无忧无虑。热闹的午饭时间结束，大部分的学生回学校上课，剩下几个爱逃课的孩子，留下来打牌。店主仿佛与他们很熟络，坐在一起随意聊着天，齐诺伊里安静下来，听得到院子里的鸟叫虫鸣。

店主做的秘制烧肉和叉烧，算得上鼓浪屿上的顶级美食，若有机缘，切勿错过。而饭后安静的时光里，也可以试试店主做的现磨咖啡，很便宜、很纯正。

📍 餐厅资讯

地　　址：厦门市思明区鼓浪屿福建路54号
电　　话：15980836656
人均消费：30元
特色推荐：菲律宾烤香肠饭、秘制叉烧饭

是谁让我醉花音.

如果以后 BAR
——是谁醉花音

『如果以后』准确说是一家复合型酒吧，但是我并不打算把它归类到酒吧中去。龙头路一带的酒吧很多，每当夜幕降临、华灯初上，每一家都拉开了热闹的序幕。这时的『如果以后』，大抵便在这片繁华中被淹没，看不出特别之处在哪里。

但若是中午时分偶遇了『如果以后』，一定会喜欢上它带给人们的那份朴质中的精致，那时的它更像一家别致的餐厅，营造出一片繁华深处的宁静时空。

◆ 餐厅特色

- ◆ 复古欧式风情的室内设计
- ◆ 在龙头路的繁华路段，位置极好
- ◆ 中午时分客人很少，可以安静就餐
- ◆ 提供美味套餐，赠送特调果汁

稀缺的超值套餐

"如果以后"藏身在最繁华的龙头路区域，若是晚上遇到它，想必不会引起我的注意。这一片酒吧太多，夜色里处处霓虹。所谓缘分，原来是在正确的时间偶遇，带来的感受完全不同。

我在阳光明媚的午后看到那栋红房子，鲜艳、惹人注目，像是欧洲童话里的糖果屋。对于在鼓浪屿上找不到正常的饭而饥肠辘辘的我来说，最吸引我的是红房子门口的小黑板，上书四个大字：超值套餐。我仿佛看到了救星一般。

安静的惬意时光

"如果以后"共有两层，一楼面积不大，主体是吧台，角落里有一张转角的深棕色沙发。蔚蓝色的墙上挂着一串空酒瓶做装饰，旁边贴满了来自天南地北的明信片和留

晚上这里会化身为热闹的酒吧

中午时分阁楼上格外清静

1 | 2　　1. 套餐内赠送的果汁　　2. 好吃的黑椒牛肉饭

言。靠墙的位置有一排隔板，里面有游戏用的骰子，也有几本关于鼓浪屿历史的书籍。

　　店里只有老板一人，是个清瘦安静的男子，默默地坐在吧台后。原本想点的卤肉饭卖完了，于是点了黑椒牛肉饭，老板点点头，径自去了厨房忙活。我一个人悄悄走上了二楼。

一餐饭的幸福

　　二楼的空间更为宽敞，充满了复古的欧式风情，又像是童年时的小阁楼，阳光懒洋洋地照进来，一片安宁祥和。我选了靠墙的小方桌，抬头看墙上的一句话："是谁让我醉花音，岁岁难回……"情不自禁被这句话打动，更是沉醉于这午后明媚阳光中的清闲自在。音乐在耳边舒缓悠扬地飘荡，生命中最美好的体验莫过于此了，还有什么值得挂碍。

　　老板默默端上来黑椒牛肉饭，套餐里赠送了一杯果汁，牛肉饭旁又搭配了一个切好的橙子。在鼓浪屿上体会过"揾食艰难"的旅人，必然会为眼前这一餐感动。平凡、朴实而又精致的一顿饭，在某些时候，就是最大的幸福。

📍 餐厅资讯

地　　址：厦门市思明区鼓浪屿龙头路82号之101

电　　话：0592-2191250

人均消费：50元

特色推荐：各种超值套餐、水果大乱斗

挑食海鲜餐厅
——生活中的艺术

挑食海鲜餐厅在鼓浪屿上的名气颇大，成为许多游人上岛必试的餐厅之一，自然价格不菲。它最特别的地方在于，拥有如此旺盛人气，并没有搬到繁华的码头附近，而是坚守在福建路的市井深处。若是论氛围，挑食海鲜餐厅可算是岛上数一数二的餐厅，只是菜品价格有些小贵，适合一家人聚餐，一个人不免有些孤独了。

◆ 餐厅特色

- ◆ 餐厅环境充满古典的艺术氛围
- ◆ 各种海鲜菜品有自己的创意
- ◆ 适合家人朋友聚餐
- ◆ 招牌豆腐和炒饭人气颇高

市井深处的文艺

福建路是繁华码头附近的一条市井小路，保留着鼓浪屿原汁原味的情怀与氛围。挑食海鲜餐厅就这么与众不同地在这里安了家。在它充满浪漫情调的阳台上吃饭，你甚至可以看到隔壁人家在天台上晒被子。

若说挑食海鲜餐厅是鼓浪屿上环境非常好的餐厅，不会有人有异议，它在细节处的用心与精致，令每一个到访者赞叹。这仿佛是一家古韵十足的茶馆，而不像是公认的小资风格的现代餐厅。

古老的优雅

去的那日，一楼在装修，只看到角落里有一盏孤灯。灯光静静地照在瓦墙中间的一扇老门上，光影暗淡，仿佛博物馆中的展览品，呈现的是对往昔岁月的无限追忆。

鼓浪屿上非常小资的餐厅

室内的一棵小树

1 | 2　　1. 艺术品般精致的餐具　　2. 好大一份招牌炒饭

走上二楼，我情不自禁地发出惊叹的声音，原来这市井小路中藏着这样一片精致的文艺天地。古朴的地板与红墙，墙线处装饰着闽南风情的复古花砖。不知店主从何处淘来那么多古老的旧家具，巧妙地酝酿出了整家餐厅的氛围。

木头桌椅十分精致，桌面上的花砖和椅子上的皮质椅垫都渗透出古意中的优雅，为食客打造了舒适的用餐环境。那些老家具上到处点缀着鲜花，仿佛从古老的时光里散发出新鲜的生命力，幽幽的香味弥漫了整个空间。

鲜活的名画

角落位置处的墙上砸了一个墙洞，嵌入整扇几十年前的老窗，然后在窗台上摆放一瓶精致华丽的干花，在朦胧的灯光下，这样的场景美得像一幅名画。设计师的巧妙构思还远远不止于此，墙根处的花盆里居然长出了一棵小树，枝叶蔓延，弯弯曲曲的树枝在餐桌上方勾勒出美妙的弧线，弧线上翠绿的树叶散发出蓬勃的生机。远远看去，仿佛画里的景色活了过来，立体地展示在人们眼前。

我去的时候尚早，客人们还不多，可以安静地在这样幽雅的环境里就餐再惬意不过了。可惜挑食海鲜餐厅提供的大多是昂贵的海鲜菜品，对于一个人旅行的我来说，幸好还有招牌炒饭可点。

📍 餐厅资讯

地　　址：厦门市思明区鼓浪屿福建路15号
电　　话：0592-2062398
人均消费：100元
特色推荐：清蒸龙虾、挑食豆腐、挑食炒饭

鼓浪屿半山区
最浪漫的迷宫

在鼓浪屿爬山是一件很有意思的事情，山不高，沿途风光如画。有些陡峭的石板路，两边是茂密的树林，还能看到高大的波罗蜜树，抬头便能见到巨大的波罗蜜悬挂在树枝上。

山坡的高处是大名鼎鼎的日光岩，以它为中心向各个方向辐射出好几条小路来，每一条路上都有不同的风景，这条路上有糖猫，那条路上有褚家园。不熟悉路的游人或许觉得这里是迷宫，可即便是迷宫，也是最浪漫的迷宫。

你也可以哪条路都不选，就坐在山坡的最高处。日光岩就在隔壁，人群在那里拥挤。你不妨坐在树荫下悠闲地休息，以旁观者的惬意看看他们下一步要踏上哪一条小路。

花之声度假旅馆
——素净的优雅时光

花之声是一家让我无法不喜欢的客栈。在客栈众多的鼓浪屿上，它或许不是历史最悠久的，也必然不是最豪华的，可是它沉稳优雅的艺术情调让我流连忘返。

这或许与主人的气质有关，作为艺术家的主人与多位厦门艺术界人士是好友。因此，你经常会在花之声里无意发现一件特别的私家艺术品，那都是好友的馈赠。主人常年在国外，看店的是可爱的店长，是她的亲切与热情让我真正走入了花之声的灵魂。

◆ 客栈特色

- ◆ 客栈整体充满优雅的艺术情调
- ◆ 一楼的两个私密小院子位置绝佳
- ◆ 艺术家朋友们的作品随处可见
- ◆ 在花园里提供私家餐饮

自然如此多情

花之声是一栋老楼，古朴的红砖墙外爬了几根红藤蔓，流露出岁月的沉寂。正对小路的外墙处修了一长排的铁栅栏，上面放满了盆栽，有些开出几朵桃红色的花来。正门处的花纹铁牌锈迹斑斑，时光的痕迹一目了然，仿佛是维多利亚时代的建筑矗立眼前。

前院的小花园不大，放了三套桌椅，撑着绿色条纹的太阳伞。小花园的风景是处在大自然的环抱之中的，几大片芭蕉叶从野地里长出来，盖在装饰用的路灯上。坐在小花园里眺望远方，满眼都是清雅自然的绿色，如同站在山岗顶上，保留着度假的悠闲。

如果说小花园的景观是淡雅的中国风，那迈进室内的客厅里，则能感受到浓郁的复古欧式情怀。素雅的地砖和墙面，壁炉式书柜和玫瑰图案沙发，最有趣的是墙上那幅画，画里是一个熟睡的女子，斜躺在眼前这张玫瑰图案沙发上。这幅画是主人的一个画

维多利亚风情的老屋

家朋友所赠，画里画外原来是一个世界，妙趣横生。

在阳光明媚的午后，坐在这张玫瑰图案的沙发上，透过身旁的白色落地小窗看花园里的绿色，惊觉大自然原来如此多情，让人类沉醉其中。一片明媚的阳光中，我也几乎和画中的女子一样，想要放松地熟睡过去。

诗情画意的小院

一楼的花园里藏着一条漂亮的走廊，青石板和拱形的木头天花，藤蔓类的植物自由地缠绕其中，阳光透出斑驳的光晕来。这条走廊的附近藏着两个小院子，是独属于下面几个房间的私密空间，我像发现宝藏一样欣喜不已。

第一个院子在圆形拱门内，里面有两个房间，都是矮小的平房。小屋子的外形看上去极为朴素，却充满了时光的韵味，恍惚间回到了童年的生活场景，岁月缓慢悠长。最简单的水泥墙面，门柱和水管刷上雪白的石灰，大门和窗棂则是较深的蔚蓝色，搭配得极为清新。窗户的玻璃上贴着太阳花的花纹，为这份淡雅增添了一丝艳丽。院子里的围墙很矮，轻易便能看到墙那头大自然里的树与竹。微风过时，仿佛把整片清新的空气都送进了院子里，沙沙的树叶声不绝于耳。院子里的植物不多，恰到好处的典雅；放着藤椅和秋千椅，悠然自得的惬意。

另一个院子则藏在走廊深处，传统中式的农家小门紧闭，木门上还挂着两串红辣椒做装饰。可是这农家小院里住的分明不是普通人，定当是归隐的文人，才使得小门两旁木匾上的对联和小门上方的横批如此典雅，充满了文人气息。不用说，这书法想必也

是主人的艺术家好友的手笔。这个小院的风格更加中式风，四周的围墙都是质朴的水泥墙，兰花草长在墙头，旁边几朵金色的炮仗花。院子里古意浓郁，石桌石椅木凳，仿佛刹那间回归千年前的岁月中，欣赏属于那段繁华里的唐时风、宋时雨。小院里的房间也很有特色，床头后方是整面的复古红砖墙，两侧则是木头墙面，说不出的诗情画意。

看远方的天台

与这两个宁静的小院相比，主楼的风格则更为欧式风，其中蕴含着淡淡的复古情结，像是对中世纪欧洲风情元素的重组。走廊上方的彩色玻璃为深沉的主调性带来了几分活泼与绚烂。在小花园里抬头仰望，会看到每个房间里的拱形阳台，很小，却风情万千。青灰色的墙，橘红色的砖瓦，黑色的铁艺花纹和雪白色的门框，在一片蓝天白云的衬托下，形成一幅隽永的风景画。

主楼的楼顶上有一个小平台，沿着狭窄的木梯，踩着复古的地毯而上。红砖红墙，视野极为开阔，看得见整个小岛，也能眺望岛的对岸，——厦门市区的高楼大厦。如果想逃避旅游季节鼓浪屿上的喧闹，这里可真是一个好地方，像是和全世界捉迷藏，没有一个人能将你找到。遗世独立，惬意自在，仿佛整个世界都安静下来，变成无声的画面，只有天空中的白云在流动，只有海风拂面。

　　花之声的店长是个很可爱的女孩子，她告诉我，她做的卤肉饭一定是鼓浪屿上最好吃的。于是在一个风和日丽的中午，我坐在寂静的平台上，品尝了她亲手做的卤肉饭，还有一杯赠送的现磨咖啡。或许在未来的日子里，时间会抹去记忆中无数的画面，但是那一刻，坐在花之声的天台上，望远方碧海蓝天，看着对面女孩子微笑的脸，那个刹那的美丽，我一定不会忘怀。

📍 客栈资讯

地　　址：厦门市思明区鼓浪屿永春路12号
电　　话：0592-2521818
预订方式：网络/电话
房间价格：200~500元（旺季价格有浮动）

爱上花园度假旅馆
——岛上的绿野仙踪

每次路过爱上花园时都会被它看上去极为沧桑的矮墙吸引，墙外长着高耸的大树，树根盘结，而墙头爬满了像是几十年没打理的藤蔓。然而这份随意并没有使人感到荒芜，而是有一种与大自然完美相融的气息。

古老的矮墙上支出一块招牌，洁白而清新，充满了文艺情调，与围墙的岁月感迥然不同。然而它却像草原中开出了一朵娇艳的玫瑰，在原始的自然里增加了现代的精致感，上面写着——爱上花园。

◆ 客栈特色

- ◆ 充满历史感的花园与老屋
- ◆ 深受婚纱摄影者喜爱的拍摄天堂
- ◆ 也是一个太极瑜伽静修中心
- ◆ 有自带小院子的房间

私家小森林

爱上花园的院子很大，各种植物长得十分茂盛，仿佛一片深沉的墨绿色遮住了整个花园。不知道存活了多少年的大树高耸入云，看不到树冠的尽头在哪里，如同一把把巨大的伞遮住了天空。

整个院子就像一片小森林，似乎处处都可以探险，到处是新奇的事物，若是用心参观，就像是误入了绿野仙踪的深处，一时片刻走不出来。小森林的背后有一栋红砖墙的老屋，成为童话中藏在树林尽头的神秘古堡，惹人遐思。

浪漫的童话

院子正中有一大片平台，主人搭建了木地板、摆放了桌椅，提供给客人们休息。这里真是晒太阳的好地方，四周都是茂密的植物，榕树、棕榈、芭蕉，天然的屏障围出了

带着历史沧桑感的老楼

视野开阔的花园小平台

1 | 2　　1. 仿佛误入绿野仙踪　　2. 有独立小院子的平房

一个世外桃源，唯独留出了头顶上的蓝天。

阳光就这样从一片绿荫中洒落下来，晒在人身上暖洋洋的，看着角落那个头顶水盆的安琪儿雕像，恍惚间像是在雅典的海岸处度假。一样的阳光、一样的大海、一样的寂静，还有一种神话的悠长与浪漫。

如同平台边沿处那辆长着翅膀的白色马车，像是从哪个童话故事里逃出来一般，穿越了时光，与我们相遇。

私家小木屋

花园的尽头有一条小路，青石板、木栅栏。路的一侧是小竹林，有出世的清幽；另一侧是芭蕉叶，有入世的惆怅。沿着小路往深处走，会看到一排棕红色的小木屋。屋顶上的绿藤是清新的嫩绿色，每个小屋外的私家花园里有拱形的铁艺门，绿藤一直从屋顶攀爬了上去。

木屋房间的面积并不大，但环境实在太好了，像是独立于世间的森林小屋，无人打扰。屋外的小花园里有木椅，若是下雨的夜晚，不妨独自坐在院子里听雨打芭蕉，感受风又飘飘、雨又潇潇的古典意境。

📍 客栈资讯

地　　址：厦门市思明区鼓浪屿乌埭路34号
电　　话：0592-2069166
预订方式：网络/电话
房间价格：50～1000元（旺季价格有浮动）

卢卡国际青年旅舍
——完美的一日记忆

卢卡国际青年旅舍藏在鼓浪屿偏僻的公平路上，远离游人出没的地方，自有一派天然恬静。穿过小巷，路过山坡，在山脚下的尽头处，便是卢卡的所在。

旅舍的院子并不算大，但干净舒适，简单的花草与水池就营造出一种家的亲切感。虽然青旅必然是简朴的，可是卢卡的温馨打动了我。在这里结缘认识的朋友们，成为鼓浪屿上美好的记忆。

◆ 客栈特色

- ◆ 鼓浪屿上安静的一隅，离内厝澳码头不远
- ◆ 环境清新雅致，居住体验舒适
- ◆ 花园很漂亮，适合惬意地闲坐
- ◆ 可以交到旅途中的朋友

清新的晨光

适合在清晨来到卢卡，白色的欧式建筑物藏在小路的深处，幽静而安详。白墙红门之上绿藤蔓延，数不清的金色小花开在其中，给这份寂静涂上一片耀眼的色彩。墙上还有竹编的花篮，插满茂盛的青草，另一侧则是植物的老根盘结。

花园正中央的水池最为显眼，简洁的欧式风格配上几丛翠绿的水草，清新自然。花园不大，却处处是景，陶罐里粉色的花或是矮小的路灯，都像是童话里的装饰。而角落里有一处宽敞的空间，透明天花石砖墙，摆着几张桌椅，供客人闲坐。

慵懒的午后

卢卡的午后是慵懒的，无论是在花园随意寻个角落看书发呆，还是爬上天台去晒太阳。楼梯下居然有一口井，砖头砌成，上方放置一个花盆，绿油油的叶子长得极为浓

欧式风格的建筑像是一个童话

天台上的闲适风景

密。上了天台后会看到满墙的鲜花，红的黄的花团锦簇，仿佛整个天空都被化儿给遮盖住了。

　　天台上有两张桌椅，可以坐下来眺望远方的山和树，阳光暖洋洋地洒下来，睡意绵绵。还有一条小道，铺着干净的瓷砖，花篮和路灯列了一排，近处的大树枝丫快要伸进来了，触手可及。

幸福的夜色

　　我住的一楼的单间，虽不说华丽，但很舒适。三扇墨绿色的窗户和欧式公主床充满维多利亚时代的风情，连浴室里的镜子都搭配上了优雅的玫瑰花纹。在卢卡的一夜睡得很熟，半夜里淅淅沥沥的小雨并不恼人，反而有一种难言的意境，仿佛约定了未来的某一天，我还会再回卢卡，回到那一刻的淡淡幸福中去。

　　卢卡的夜晚是最热闹的，白天出门闲逛的年轻人都回到了客栈。来自天南地北、互不相识的人们聚坐在花园中，吹着丝丝凉意的夜风，喝着啤酒，聊着彼此世界中的趣事。直到夜已很深，大家才依依不舍地回房休息。第二天，各自奔赴东西，缘起缘又灭。

三扇小窗的欧式风情

📍 客栈资讯

地　　址：厦门市思明区鼓浪屿公平路14号
电　　话：0592-2520980
预订方式：网络/电话
房间价格：50~500元（旺季价格有浮动）

254

日光海岸旅馆
——私享者

晃岩路相比其他几条岛上的主路来说，游人稀少，一路都很安静。在岛上的日子里，我喜欢独自在这条路上闲逛，感受鼓浪屿独有的宁静与悠然。而日光海岸旅馆藏在晃岩路上，不声不响间，收纳了岛上特有的百年风情，独自品尝。

◆ 客栈特色

- ◆ 四周环境清幽，离日光岩不远
- ◆ 宽敞雅致的室外花园，氛围舒适
- ◆ 百年老屋改造，淡淡的怀旧风情

满园春色遮不住

晃岩路走的人少，尤其是下雨天，几乎看不到行人，但是晃岩路又极美，沿着体育馆一路向上，那栋壮观的白色外墙吸引了我。罗马风情的大门后是高耸的棕榈树，一路绵长的白墙上爬满了金色的炮仗花，像是花幕垂下来，遮住了花园里的风光。

日光海岸旅馆的主楼是有着百年历史的老屋了，那种古典韵味仍在，但经过改造后的客栈却充满了现代主义简约风格，有着度假酒店的气质。

简约的经典

花园里也延续了简约的风格，水泥台、红地砖，四周的围墙却是古典清新的翠竹，形成一种隽永的风情。几棵棕榈树，几个长满植物的陶罐，隔壁院子里长过来的参天大树，就这么轻易地营造出文艺的美来。客人们坐在花园里的太阳伞下，懒洋洋地喝着咖啡，聊着旅途中的趣事，满是悠闲的度假情致。

简约清新的现代风设计

SUN COAST GARDEN HOTEL

百年老别墅精품旅馆

T0592-2062108

花园里的早餐时光

花园深处有翠竹

阳光会透过四周紧密的竹竿穿过来，在水泥地上投下一片整齐的光斑。院子的外面有一堆乱石，像一个小山丘，是孩子们最喜欢游戏的地方。

荡起记忆的文艺

受老屋格局的限制，日光海岸旅馆的房间不算很宽敞，但是有可以晒太阳的小花园，非常安静。坐在小花园里眺望远方，看天外云舒云卷，心情格外开朗。日光海岸旅馆提供免费早餐，客人们都喜欢一大早就坐在花园里，一边等候早餐，一边静静享受这迷人的清晨时光。

院子的角落里有秋千，坐在秋千上发发呆，会听到身后风吹竹叶的沙沙声，闭上眼轻轻荡起秋千，再也没有比这更清静自在的文艺氛围。有个网友用了一句诗来形容他对日光海岸旅馆花园风情的喜爱："山气日夕佳，飞鸟相与还。"这也大抵便是我对它最深刻的记忆。

📍 **客栈资讯** ——————————————

地　　址：厦门市思明区鼓浪屿晃岩路53号
电　　话：0592-2062108
预订方式：网络/电话
房间价格：400~1000元（旺季价格有浮动）

悠庭小筑
——最文艺的路边小楼

悠庭小筑是一家多元复合的客栈，如花朵般绽放在泉州路的道路旁，几层高的小红楼外墙上爬满了郁郁葱葱的植物，茂密得叫人惊叹。

悠庭小筑的花园不算很大，但是极美极文艺，每天都有络绎不绝的游人进来拍照留念。花园里各种拱门隔离的植物空间，像是古堡里的玫瑰花园，优雅而芬芳。当阳光洒满整个院子，仿佛生命里最美好的那些事物都聚在了此处，加上你自己。

◆ 客栈特色

◆ 小坡上的老屋，充满文艺气息
◆ 美不胜收的花园，像是童话里的风景
◆ 拥有自己的杂货铺
◆ 楼下的香草餐厅很受欢迎

满园自然的芬芳

悠庭小筑的围墙很矮，墙头上开满了炮仗花，远远看去，像是燃烧的火焰。一走进花园便会被那满园春色迷住，这小小的院子里仿佛藏尽了世间的美。

铁艺花纹的白色拱门上缠绕着茂密的绿色植物，有紫色的花朵在微风中摇曳。拱门里面是木地板和木桌椅，各种花草像是大自然天然的屏障，挡住了外面的喧闹，留出这一片芬芳的净土。

浪漫香草餐厅

悠庭小筑有一家餐厅，餐厅在花园里放了一张小桌，靠着墙角。桌上铺着田园风的桌布，旁边的藤椅上一只小猫在熟睡。桌上有陶罐，陶罐里插着几枝薰衣草，后面的白色木门上缠绕着几朵盛开的玫瑰。藤椅旁边有雪白的木栅栏，上方挂着白色蕾丝布，风

1 | 1. 清新可爱的室内空间　　2. 繁花丛中的白椅　　3. 客栈里还有一家杂货铺
---
2 | 3

坐在花园里小憩

一吹，便迎风而动，扫落几片叶子。

靠墙柱的位置还有一排排的花架，上面的多肉植物长得憨态可掬，看得出得到了主人的悉心照料。最可爱的是墙上的信箱，原木色的外框，中间是粉红色的小门和一颗心。

私密的杂货铺

悠庭小筑最文艺的地方还在于它有一间自己的杂货铺，就在花园的小门深处。主人从四处搜罗回来的小物、服饰和书籍，随意散漫地陈列在室内，充实而丰富，让人见之则喜。

悠庭小筑里还有床位房，在这样的位置、这样的环境里，价格很贴心，适合背包旅行的年轻人。每个清晨都可以在花香中醒来，慵懒地走到楼下吃一份招牌菠萝饭，坐在花园里看路上的行人来来往往，独享这宁静与文艺时光。

📍 客栈资讯

地　　址：厦门市思明区鼓浪屿泉州路66号
电　　话：0592-2196971
预订方式：网络/电话
房间价格：50～400元（旺季价格有浮动）

创意店铺
CHUANGYI DIANPU

——时光就是牛轧糖

鼓浪屿如今有两只大名鼎鼎的猫，除了大家熟悉的张三疯，现在还多了一只糖猫。据说糖猫之所以叫糖猫，是因为它的英文名叫「sweet mao」，来自一张有历史的黑胶唱片。

张三疯很萌，糖猫很甜，它穿着蓝色条纹衫，围着大红色的围巾，眼神有几分忧郁和惆怅，默默地注视着自己手中那杯招牌玫瑰焦糖茶，欲语还休。大门处的红色相框内飘扬着红领巾，下面的四个大字热情好客：糖猫有请。

◆ 店铺特色

◆ 艳丽的红色主调，带有童话色彩
◆ 院子里的木头飞机充满梦幻情结
◆ 有名的牛轧糖和玫瑰焦糖
◆ 有独立唱片出售

忧郁而甜蜜的糖猫

遇到糖猫的那天是个艳阳天，明晃晃的阳光照得人眼前发花，但冬日里有这样的暖阳，心情自然再好不过。慢悠悠地在鼓浪屿上闲逛，无意中看到一面令人惊艳的红砖墙，木栅栏和窗棂都涂刷成鲜艳的大红色，在阳光下像一朵朵盛开的牡丹花。红砖墙上贴着糖猫的卡通画，木栅栏上爬满了绿叶，与大红色相辉映，带着童话般的意境。透明的玻璃窗内站着一只雪白的公鸡雕像，雄赳赳气昂昂地看着小路上人来人往。最引人注目的是一幅巨大的标语，装裱在红色的画框内：时光是一颗巨大的牛轧糖。

| 1 | 2 | 3 | 4 |
| | | 5 | 6 |

1. 两位神秘先生　　2. 可以坐下来品尝美味的休息室　　3. 多么甜的一句话
4. 包装精美的手信　　5. 可以免费品尝的水果茶　　6. 院子里的木头飞机

时光是一颗巨大的牛轧糖

这或许就是糖猫的信仰，也是糖猫关于生活的梦想，很甜，甜得像一个五彩的梦，让人不愿意醒来。每一个在鼓浪屿偶遇糖猫的游人，都不由自主地掉进了糖猫勾画出来的甜蜜梦境中，久久沉睡。

门口有一个糖猫的大灯箱，糖猫应该和张三疯一样，是个男孩子。它爱穿蓝色的条纹毛衣，眼神中有着青春期男孩特有的忧郁，但远不像张三疯那样没心没肺。糖猫很时尚，它知道在蓝色毛衣上搭配一条与自己的毛同一色系的围巾，连白色桌子上的杯垫居然也是配套的。可是糖猫的神情依旧不太开心，紧闭的嘴唇有些倔强地思考着关于人生的命题，或许唯有手中的玫瑰焦糖茶，才能让它的心情温暖起来。

糖猫的另一侧墙上挂着一幅版画，画上的小学生合唱团戴着整齐的红领巾，拉手风琴的小伙伴站在前排，在小指挥的节奏下唱着童年的歌谣。画无声，岁月亦无声，可是这无声的情境却荡起人们心里的歌声。

糖猫的下方还有两个木头人先生，一大一小，戴着高礼帽，裹着双排扣大衣，围着羊毛围巾，一股浓郁的英伦风情。木头人先生给糖猫的小院带来了神秘气息，像是走入了充满悬疑色彩的玄幻世界，让人期待，让人憧憬。

童趣横生的小院

糖猫家有个漂亮的小院子，院子的视野很开阔，阳光洒满了整个空间。走进去时，院子里寂静无人，只在一旁放着一张蓝色的小桌，桌子上的竹编筐里插满了绢制的浅粉色玫瑰。桌子上还有一个麻布小篮，里面堆放着糖猫的招牌牛轧糖，包装成一个个大糖果的造型，特别而精致。

再往前走几步，还能看到另一张小桌，这张小桌上放着店里刚刚泡出来的玫瑰焦糖茶，提供一次性水杯给客人免费品尝。透明的茶壶里装满艳丽的玫瑰红茶，加入新鲜的水果，让你甜蜜地度过一段慵懒的英伦下午茶时光。

院子的另一个角落里种了两棵树，树不算高，却争先恐后地探出墙去，想看一看墙外的繁华世界。树下有一套木头桌椅，在树荫下沉默寂寥。

小院正中有一架木头飞机，大红色的机身，蓝色的螺旋桨，像是从童话故事里开出来的，充满了天真的童趣。每个刚踏进小院的人看到它都会很惊喜，忍不住上前合影留念。孩子们更是欢喜万分，赖在一旁不肯离开，叽叽喳喳的笑声充斥着整个院子。谁会不爱此情此景，谁不贪恋这份童真的愉悦。糖猫最大的魔力，便是让你回忆起童年的快乐。

香甜的世界

糖猫最有名气的，自然是他家的手作牛轧糖，抹茶、蔓越莓、花生等各种口味都令人赞叹。每天来买糖的游人络绎不绝，主人都是连夜熬糖制作。糖猫室内有一个咖啡馆一样的房间，墙是红白二色，原木桌配红色皮质沙发，搭配着各种有趣的小摆件。阳光透进来时，整间屋子都散发出大红色的光泽，像一个熟透了的发亮的水果，又像一颗巨大的透明的糖果。或许正如糖猫招牌上写的那样，时光真的就是一颗又香又甜的牛轧糖。

在这个房间里，你可以点一杯糖猫的香草摩卡，也可以试试他家的芝士焗红薯。不过，你也可以什么都不点，只是单纯地坐一坐，品尝他家的免费玫瑰焦糖茶，小憩一会儿，度过一段怡然自得的悠闲时光。只是大部分人走时都忍不住买走好吃的牛轧糖，或是喜欢上玫瑰焦糖特有的香甜，买一罐带回家自己泡水喝。

糖猫作为一家卖手工糖的店铺，最大的特色在于它居然还有一间唱片房，里面收集了许多独立唱片，有放映机，客人可以自己动手试播试听。对于音乐爱好者来说，这私密的地方简直就是天堂。然而糖猫带给游人的惊喜还不仅仅于此，在唱片房的隔壁，还有一间手作展览室，各种充满艺术设计感的手作作品在这里出售。

糖猫像一个大红色的梦，梦里有糖果，也有音乐。糖猫的梦是有味道的，那么甜，甜得像岁月里的牛轧糖。

📍 店铺资讯

地　　址：厦门市思明区鼓浪屿泉州路60号美泽楼（泉州路店）
电　　话：0592-2190202
特色推荐：玫瑰焦糖、手工牛轧糖

饮品店
YINPIN DIAN

褚家园咖啡馆
——总会去到这里

到过鼓浪屿却没有去过褚家园咖啡馆的人极少，若是错过，仿佛是遗落了一件重要的事物在岛上，即便改日再来，也定要前去弥补。鼓浪屿上的咖啡馆不多，但有了褚家园，便有了不输给厦门市区那些老牌文艺区的韵味。

褚家园是一座真正意义上的咖啡馆，悠久的历史与专业的态度，它的存在赋予了鼓浪屿不一般的咖啡文化。冠军咖啡师压阵的褚家园被称为冠军咖啡馆，它不浮华，保留着旧日闲适的似水流年。

◆ 饮品店特色

- ◆ 咖啡师曾获得大赛冠军，制作专业
- ◆ 近百年的老屋，底蕴深厚
- ◆ 鸟语花香的大花园，适合晒太阳
- ◆ 欧式化的室内设计，氛围舒适

低调的优雅姿态

褚家园应当是鼓浪屿上名气最大的一家咖啡馆了，早在上岛之前，已经从不少人口中听说过关于它的种种。于是上岛的第一天，我便迫不及待地赶去了褚家园。那时已是黄昏时分，天色还亮，只是阳光变淡了，像一层乳白色的轻纱。小路上的行人不多，我慢悠悠地往褚家园的方向走，感受鼓浪屿特有的文艺氛围。

褚家园就在中华路的路边，门口看上去极为普通。岛上四处可见的红砖墙和青石块，灰蒙蒙的复古路灯，写在黑板上的招牌，低调得让人容易错过，但是一旦踏入褚家园的院子，便会被它的花园迷住，赞叹不已。这么美的花园，惹来不少行人驻足，主人不得不挂了一块小黑板：谢绝参观。

院子的入口处有一个小牌子，写明了褚家园的建造年份为1932年，80余年的历史

1 | 2 | 3 　1. 底蕴深厚的咖啡馆　　2. 冬日里的花园　　3. 花园深处的凉亭

铸就了褚家园的底蕴与情调，一草一木间皆有岁月沉淀的优雅。褚家园的院子并没有花很多力气刻意去打造现代化的文艺，仍然保留着多年前的水泥地面，上面的花纹依旧那么清晰。

花园里的那些大树想必已经有些年头了，茂盛得像密不透风的大伞，给整个花园的天空涂抹了大片的绿，也用一种无声无息的底蕴征服了寻觅而来的客人，那是一种姿态，在岁月里沉香。

花园中的静物画

褚家园的花园不像一个咖啡馆，更像是旧日里大户人家的私家小院，庭院深深深几许。即便是在冬日里，各种花草树木都长得很好，在阳光的沐浴下，有着南国特有的风情。四周一片郁郁葱葱，有翠竹、有茶花，有墨绿、有淡紫、有墙头的一串红。花园里的桌椅大多也都是简朴的手工木制品，藏在不同的角落里，隐蔽而别有情致。

在花园的拐角深处有一道高门，青灰色的水泥墙面中间有一排铁艺花纹栅栏紧闭着。这周围地面铺的是红砖，青苔从砖头的缝隙里冒出来，一片清新的嫩绿。墙角处的芭蕉叶又宽又大，努力地探出墙头去。这个角落很少有游人逛过来，极为静谧。主人在门边放了一张小木桌，配了两张小木凳，像一幅静态的写生画，与这片自然的风景融合在一起。坐在这里泡一壶清茶再惬意不过，仿佛红尘俗世中所有的五光十色都已烟消云散，人们内心的欲望突然变得很淡，再无所求，只愿守着此时此景，闲适一生。

花园里还有一座木头搭建的小凉亭，刚刚好放得下一套桌椅，容二三好友围坐，闲谈世事无常。凉亭被四周浓郁的绿色包裹，如同一个天然的屏障，遮住了过路人的视线。只有凉亭中的人偶尔抬头，能看得到旁边高墙上那一串串桃红色的艳丽花朵。

还有一处僻静的角落，红墙白窗，窗下绿藤蔓延，寂静无人。一桌一椅摆放在靠墙的位置，面对远方的天空，可以眺望整个天际。这或许是主人自己爱坐的位置吧，独自一人闲坐于此，看庭前花开花落，望天外云舒云卷。

冠军制作的咖啡

褚家园的室内环境与花园里的中式典雅古风截然不同，那是欧式化的浓郁的复古情怀。白墙红砖地、玫瑰花纹的厚重桌布、宫灯式样的古典台灯，这或许才是一家咖啡馆的模样。咖啡馆显眼的位置摆放着许多荣誉证明，其中最吸引人的，自然是那张世界咖啡师大赛厦门地区冠军的证书。

冠军咖啡师是一个长着娃娃脸的年轻短发女子，有两个来此旅行的女孩子，偷偷地询问可否与她合照，短发女子微笑点头，女孩子们欣喜不已，雀跃着签名留影作为纪念。

不得不感叹，鼓浪屿上咖啡馆的消费价格是很高的。褚家园作为其中的佼佼者，规定了人均消费不得低于40元。可惜去的那日我已在厦门市区喝过两杯咖啡了，遗憾地错过了品尝冠军咖啡师手艺的机会。我点了一杯冰的伯爵奶茶和一份巧克力核桃布朗尼蛋糕。伯爵奶茶的味道远不如老友记咖啡那么香醇，有些寡淡无味。布朗尼蛋糕也只是无功无过的水准，反倒让我怀念起大理青木堂老板娘的手艺。对于味道本身，我有些失望，不过褚家园毕竟以咖啡闻名，有机会还是可以试试他家咖啡的水平。

虽然褚家园的美食本身没有打动我，但无可否认的是，在鼓浪屿上，它的氛围、情调、环境和服务都是出色的。既然来了鼓浪屿，也没有什么理由不来褚家园坐坐，毕竟它的花园那么美，情调优雅如昔。

1 / 2 | 3

1. 复古风情的角落　2. 香甜的巧克力核桃布朗尼蛋糕　3. 伯爵奶茶

📍 饮品店资讯

地　　址：厦门市思明区鼓浪屿中华路15号（近体育场）

电　　话：0592-2083702

人均消费：60元

特色推荐：单品咖啡、重芝士蛋糕

话仙伯
——闽南旧日风情画

你可以轻易在鼓浪屿上寻觅欧式风情、复古情调，却很难看到这样一间茶室，有着古色古香的闽南本土情韵。

在话仙伯茶室里不但可以喝到地道的闽南茶，还有各式各样的当地小吃。如果在鼓浪屿上吃腻了各式各样的海鲜店，清新简朴的话仙伯一定是游人理想的餐厅。

◆ 餐厅特色

◆ 本土连锁餐饮品牌，品质放心
◆ 浓郁的闽南本土风情，充满怀旧情调
◆ 茶室幽静舒适，适合聊天
◆ 各种当地小吃性价比高

呷茶来话仙

话仙伯的门面很大，包含了餐厅和茶室两个部分。整家店以深咖啡色为主色调，远远看去便十分文艺。我去的时候是晚饭时间，茶室里很安静，只有一个小妹独自坐在桌前玩手机，店铺里的音乐悠扬舒缓。

茶室的面积比较宽敞，摆放了不少小方桌和皮质小圆凳，像是一家清新的小资咖啡馆。靠墙的位置有木柜，里面摆放了各种闽南特色茶，这才让人意识到这是一间属于闽南的风情茶室。

在这样的氛围里喝杯茶、聊聊天，应该是人生中再惬意不过的事，难怪外面的招牌上写着：呷茶来话仙。

闽南风情的茶室

过去的人和事

话仙伯的整体调性是文艺的，却又在很多细节上流露出复古与怀旧的气息。木头柱子上挂满了厦门往日的老照片，那些年的人与事突然如此生动地呈现在现代人的眼前，惹人唏嘘。

还有一侧的柱子上有郑成功的雕塑照，讲述着一段关于闽南的历史。人世变幻，沧海桑田，但有一些记忆永远不会被后人遗忘。墙上还挂有渔民过去戴的斗笠，以及渔家卖鱼时用的杆秤，这点点滴滴的元素无不渗透着迷人的闽南文化。

印象最深刻的是有一排农家用具的展示，大象造型的竹编筐、筛玉米粒的筛子、蒸馒头的蒸笼、送饭的竹盒，还有许多我们这个时代的人叫不出名字的生活用品。刹那间，像是去闽南乡村的农舍里走了一遭。

茶室里的水果冰

话仙伯里卖各种小吃，其中最受欢迎的自然是海蛎煎，以前分了大小份，如今统一

仿佛走入了时光博物馆

了分量和价格。老实说，30元一份的价格不便宜，但是对于鼓浪屿上的物价而言，却也不算贵。

　　如果刚好遇到杧果成熟的季节，不妨在话仙伯吃一份招牌杧果冰。炎热的天气里，清幽的茶室，一份新鲜的水果冰，仿佛有了一种南亚特有的日常生活趣味。这或许才是鼓浪屿上度假时应当体会的闲适心情。

📍 餐厅资讯 ————————————

地　　址：厦门市思明区鼓浪屿田尾路18号西

电　　话：13616008498

人均消费：50元

特色推荐：海蛎煎、杧果冰、闽南茶

鼓浪屿内厝澳码头区
天际下的碧海银沙

　　鼓浪屿的内厝澳码头是近年来才开放的新码头，这边的风景都是崭新的。在码头下船，沿着海边的小径踱步，便已能感受到度假的惬意。这一片的海水很清，海岸边铺着一层薄薄的黄沙，沙滩上偶尔会有几个游人。

　　内厝澳码头附近有许多高大的棕榈树，大树下种着薰衣草，在浅绿中涂抹上一层粉紫。这一片的风景如同一个精心雕琢的自然派花园，碧海蓝天，山灵水秀，与龙头路那边的热闹截然不同。

　　内厝澳路是鼓浪屿上较为古早味的老街，若是住在附近，不妨在黄昏时去逛逛，体味较为原始的鼓浪屿渔家生活。若是要从内厝澳去鼓浪屿最繁华的地段，需要翻山越岭，因此选择住在这片区域，便可远离所有的尘世喧嚣。选一家靠海的酒店，坐在小花园里，哪里也不去，面朝大海，享受一个人的春暖花开。

磐诺假日酒店
——最难割舍是离情

沿着内厝澳码头一路向前走，穿过棕榈树小道，走过几片花圃，很快便能看到磐诺假日酒店。它临着海边，一眼望得到沙滩，海风会吹到酒店里，闻得到大海的气息。

这是一家在住宿体验上我愿意打五星的酒店，即便它并不新兴时尚，也说不上多么豪华，但是它所散发出来的那种体贴、温暖，让我始终难忘。我会记住这个地方，记住那些可爱的人。

◆ 客栈特色

◆ 离内厝澳码头很近
◆ 有的房间里有可以看海的小花园
◆ 服务态度五星
◆ 免费自助早餐

艺术氛围的酒店

磐诺假日酒店的位置真是得天独厚，从内厝澳码头下船，沿着海边的小道往前走，途中的风景已足以让人流连忘返。海水很静，与远处的天连接成一片清澈的蓝。沙滩上寂静无人，偶尔有一阵海风吹过，翻起几颗沙粒。

老码头那边是热闹的，却也有些嘈杂，而这片区域显得宁静了许多，这才有了海岛上度假的惬意与悠然。路的两边是高大的棕榈树，草丛里有一排排薰衣草，此刻是冬季，只有极淡的一抹紫。

去的那日天气很好，阳光透过大树的枝叶在石子路上洒下薄薄一层光晕，每个走在路上的人都有一种自在的轻松感，像是走进了一个自然雕琢而成的大花园，处处是景，处处如画。

清新淡雅的酒店大堂

    磐诺假日酒店就藏在路边一条小道的尽头，招牌很醒目，一眼便能看到。一走进大厅，立即便会有行李生上前帮忙，态度殷勤。那一刻我诧异了，以为自己走进了一家五星级酒店。

    磐诺假日酒店的大厅并不大，以浅灰色与白色为主调，给人的感觉极为清新与简约。沙发造型和色彩的选择看得出来都花了一些心思，各种装饰品也充满了独特的艺术气息。偶然一抬头，便看到欧式花纹的白色天花吊顶，洁白的灯罩里开出了一朵一朵粉色的玫瑰，像是走进了凡尔赛的花园，在有限的空间里营造出了浪漫的氛围。

一个人的伊甸园

    酒店大堂外还有室外休息区，放着桌椅和太阳伞，绿草茵茵，繁花如梦。在磐诺假日酒店，真能感受到每一个工作人员的服务都有着极专业化的态度，不管是办理入住手续，还是寻找房间的过程，都能得到他们最贴心、最恰到好处的帮助。

    我住的房间在一楼，楼梯间的彩灯吸引了我，玫红、金黄、橙色、白色，像是开在虚空中的牡丹，华贵而艳丽。房间不能算新，有些地板有了损坏，但是那种舒适与温馨会让你不去计较这些细节，有太多东西可以打动你。床的靠背墙上有很大一张鼓浪屿的

1　2　3　4　5　6

1. 卫生间干净明亮　　2. 素雅的房间，墙上是鼓浪屿的老照片　　3. 楼梯间的彩灯
4. 这是在鼓浪屿上吃到的最满意的一顿晚餐

老照片，记录着这个小岛过去的故事。房间的墙是米色，家具都是白色，素雅恬淡的风格让旅途中繁杂的内心安静了下来。桌子上准备了全套茶具和上好的乌龙茶，傍晚时分泡好端到花园里，赏月色，听海声，是多么雅致的意境。

　　酒店还为入住的客人准备了水果和鼓浪屿特色糕点，这样的服务细节自然能打动漂泊在异乡的旅人的心，仿佛找到了安稳的归处。最让人惊喜的是拉开柔软的窗帘后，发现外面藏着一个漂亮宁静的小花园。花园的地面和隔墙都是木板铺成的，望不见顶的高大树干和郁郁葱葱的花草，白色的欧式围栏外是碧海蓝天。花园里有两张藤编的沙发和一张小小的茶几，坐在这里望出去，看得到小路上的行人，看得到公园般的风景，看得到那片海，在风里轻荡。坐下来后便不舍得起身离开了，像是独自拥有了一座伊甸园，惬意闲适的时光就此驻足，岁月静好。

感动我的晚餐

　　鼓浪屿上风景很好，但是吃饭是个很让人头疼的问题，我已听闻许多游人抱怨过，要在鼓浪屿上吃上一顿正常的饭菜很不容易。我住在鼓浪屿的一个星期里，每天都在为这件事烦恼。磐诺假日酒店的餐厅在网络上评价不错，于是我在黄昏时特意赶回酒店吃晚餐。春节期间，酒店只提供了两种套餐，中式火锅和西式牛扒，我选了后者。牛扒套餐里包含了沙拉和玉米浓汤，我点餐时并没有预料到，这一餐将是我在鼓浪屿上吃过的最满意的晚餐。套餐的性价比较高，味道温和却又鲜美，让受了几天折磨的胃终于得以安宁。

276

5. 房间里的赠品，令人感动　　6. 美好的一天从早餐开始

　　餐厅的风格更像是西餐厅，靠近落地窗的位置是高脚桌椅，可以坐在窗边欣赏窗外花园里的风景。在等餐的过程中天色渐渐暗下来，室外那些色彩鲜艳的自然景色慢慢融入了黑暗中，只剩下一丝轮廓。室内小圆桌上的康乃馨这时看起来格外明艳，将窗外的夜幕当成了它盛放的舞台。

　　自助早餐的提供也是在这个餐厅里，品种极为丰富，主食、饮品和水果一一俱全。早餐后，我在餐厅里见到了酒店的总经理，她是一个优雅的女子，有一颗敏感而细腻的心。正因为这种性格，磐诺假日酒店才在她的手里变成了一个大家庭，每个员工都成了她的孩子。又正是由于这份深厚的情感，这里的员工才有着那么贴心的服务。

　　言语并不能诠释在磐诺假日酒店里体会到的那份温情，那是一个人发自灵魂深处对于生活的热爱、对于职业的忠诚。告别磐诺假日酒店那日，我已经准备回家了，却又不想走了，因它而产生了依依不舍的离情。

客栈资讯

地　　址：厦门市思明区鼓浪屿康泰路111之1号
电　　话：0592-2561152
预订方式：网络/电话
房间价格：300～1500元（旺季价格有浮动）

七里香舍
海边楼榭入烟霄

虽然鼓浪屿上大大小小的客栈数不清，但是真正面朝大海的却并不多。七里香舍的位置得天独厚，离内厝澳码头十分钟路程，客栈花园的对面，便是一片碧海蓝天。

七里香舍的环境清幽典雅，青竹白纱，流水锦鲤，有几分淡淡的禅意。然而它的管理方式却以星级酒店为标准，服务贴心、宾至如归不再是一句客套话。或许只是因为它有一个好管家，将客栈打理得井井有条，仿佛遗忘在他乡的家，于是把我们从过客变成了归人。

◆ 客栈特色

- ◆ 临近海边，过小路即是沙滩
- ◆ 漂亮的花园，亭台楼榭，流水落花
- ◆ 房间很宽敞，典雅的日式榻榻米茶室
- ◆ 家常却丰盛的自助早餐

偶入幽园处

七里香舍四个字刻在一块大石上，而大石在水池中，石上绿藤蔓延，池里锦鲤畅游。流水沿着石壁冲击着水池，发出悦耳的哗哗声。一踏进七里香舍，便如同进入了清幽的深山。路口是郁郁葱葱的一排小树，树下的薰衣草开出一片几若无色的淡紫。欧式花纹门廊上挂着一串又一串的古典红灯笼，一条石子路曲径通幽，延伸向花园的深处。抬头便是蔚蓝的天，老树根盘踞在红屋子前，大树的树荫遮住云的影子，像是给花园搭上了一片深绿色的天花。左右两侧的茶花与玫瑰娇羞地探出头来，仿佛寓意着中式的清雅与西方的浪漫在这里交汇。

有一条木板小道，蜿蜒着探向花园的另一角，低矮的灌木丛中熙熙攘攘摆放着桌椅与太阳伞。有一棵孤独的树藏在角落里，树下有一个褐色的陶罐，绿芽从陶罐里长出来，在轻风中摇曳，散发着清新的生命力。

客栈大门外的平台上铺满了木地板，靠墙的位置堆满了主人用心淘来的旧物，废弃

咖啡馆里的中国风

的铁鸟笼、生锈的煤油灯、古旧的老音箱、有霉斑的烂木柜……种种旧物随心陈列，如同展示出一段岁月的截面，在四周绿树的簇拥下，有着说不出的文艺气质，让人的内心不由得宁静下来，沉寂在这片自然的意境里。

雨打芭蕉时

七里香舍的店主姓任，是个气质清朗的男子，言谈举止间，有着专业酒店管理者的姿态，让人心生欢喜。办理房卡时任店长会赠送一张礼券，可以选择在客栈的咖啡馆喝一杯咖啡或是一壶红茶。虽然只是简单的小礼物，却令人感到温馨与体贴。予人玫瑰，手有余香。

七里香舍的咖啡馆环境舒适，悠扬的美式乡村音乐回荡在小小的一室空间里，充满淡淡的感伤。咖啡馆以中式古典元素写意，竹帘、木台、藤椅与古乐器交织出清雅的端庄，再在不经意间增加一点儿红色花格子布，设计风格便活泼起来。坐在靠窗的位置可以将整个花园的景色尽收眼底，打开窗，便能闻到海风的气息。然而在阳光明媚的日

1 | 2 | 3　　1. 面朝大海，春暖花开　　2. 罗幔轻纱惹芭蕉　　3. 淡雅舒适的房间

子里，我更喜欢坐在七里香舍的花园里喝茶，木头躺椅上垫着玫瑰花纹的靠枕，柔软温暖，面朝大海的方向，感受生命中的随遇而安。

院子中央还有凉亭，亭子的四周垂着白色的轻纱，旁边的芭蕉长得茂盛，绿草茵茵，一片安详的净土。忍不住畅想，若是在雨夜里坐在这凉亭中，放下轻纱，夜朦胧、纱朦胧，人生如幻境，再闻得雨打芭蕉的声声泣，定当别有一番滋味在心头。

花园的另一侧是两张宽大舒适的藤椅，旁边的书柜中堆放了各式各样的书籍。一壶茶、一本书，坐在这样的院子里，闲度整个午后也不厌倦，恍惚间也懂了禅师的话，"只缘无事可思量"。

鸟啼花香中

七里香舍的马路对岸便是沙滩，穿着拖鞋便可以到海边走一走。去的那日沙滩上游人稀少，可以随心所欲席地而坐，沙滩柔软，海水如镜，眺望对岸的厦门岛，似梦似幻。

七里香舍的房间清淡如诗，木地板与木椅、直插入天花的竹竿、墙上扇形的留白、古色古香的台灯、浅褐色的窗帘，如同误入了一间禅房，处处有景致。只为了让人入室安心而精心设计出的淡雅风格，令人惊喜不已。

然而最让人惊喜的是它宽敞的榻榻米空间，临窗而设，清新的原木色地板搭建出来的高台，开阔的空间里只一桌两垫，桌上一套茶具，等有缘人入座，促膝而谈，谈海阔天空，谈人生如梦，谈这鼓浪屿上的乡愁与离情。夜晚时分，与友人席地而坐，点亮旁边的宫灯，望窗外月明如水，泡一壶清茶，与君共消万古愁。

　　清晨的七里香舍是被早起的鸟儿唤醒的，整个客栈的花草与大树、流水与游鱼都在露珠里清醒过来，重新展露生机。七里香舍在咖啡馆里提供了自助早餐，虽谈不上多么奢华，在家常中却显出精致来。单单为一碗粥便会配上多种小菜，煎蛋与面包都很新鲜，饮品柜上准备了咖啡、红茶、果汁和豆浆，丰盛的选择开启了美好的一天。

　　离开七里香舍几天后才有机会在市区见到它真正的主人Oliver，她是个经历丰富的女子，30岁时便环游世界，如今安下心来关心流浪动物。开客栈是一个契机，成全了另一种梦想的延伸。她笑着说尽量别在书中提到她的存在，对于七里香舍她只是一个静默者，淡淡守护即可，然而客栈又怎么可能真的完全摆脱主人的影子，七里香舍的清雅，分明便是她的心境。

📍 客栈资讯 ───────────

地　　址：厦门市思明区鼓浪屿鼓声路12号
电　　话：0592-2061266
预订方式：网络/电话
房间价格：300～900元（旺季价格有浮动）

创意店铺
CHUANGYI DIANPU

苏小曼杂货
——琵琶曲里声声慢

与鼓浪屿上的其他地方相比，内厝澳路上的游人相对较少，反而有那么极少几家安静的小店默默生存，让人仿佛回到了很多年前的鼓浪屿。那时岁月悠长，有几分古意，有几分意韵。

苏小曼杂货是我闲逛时偶然看到的，门口的小小琵琶装饰吸引了我。整栋屋子显得古旧，可是诸多细节里散发出清新自然的情怀，这才是真正应当属于鼓浪屿的气质。

◆ 店铺特色

◆ 破旧却文艺的小房子
◆ 各种精致的手工小物
◆ 有自家的特色小吃
◆ 还有各种私房饮品出售

蓝色的小房子

苏小曼杂货开在内厝澳路上的一座小房子里，房子有两层，猜测楼上是主人居住的空间，楼下开成了杂货铺。房子的外墙和门窗都刷成天蓝色，清雅的色彩让人心生愉悦。挂在墙上的一把琵琶吸引了过路人的注意，也让小房子多了几分古典的气息。

二楼的天台上摆放了两排花草，给破旧的小房子增添了文艺的情调，像是艺术片里的布景，有着属于夏日阳光的明媚与温暖。总有些地方会吸引你停留，于我而言，苏小曼杂货便是如此。

小屋里的文艺时光

窗口的小世界

临街处开了一扇窗，窗台上搭着木板，上面摆放了各种小玩意儿。一整排的晴天娃娃、特制的书签、小笔记本、杯子和发钗，看到这些，心情就会没理由地阳光起来，或许因为它们总是象征着生命里那些美好的事物。

窗口还挂着一块小黑板，上面写着"现磨咖啡"和"蜂蜜玫瑰"两种饮品，是店主推荐的招牌，价格不贵，路过时不妨尝一尝。

一扇小小的窗仿佛打开了一个世界，苏小曼杂货如同一个养在深闺人不识的古典女子，羞怯地对外面的天地展露着她含蓄的美丽。

无事便安好

苏小曼杂货里有许多有趣的物件，精美的茶具、手工的珠子、古董钥匙、淘来的老式梳妆台、菩萨与关公像、墙上的木头算盘、自家的牛轧糖，我觉得最有趣的是那一块块没有装饰的"无事牌"。

店主介绍说，这是一种源于明代的装饰物，选取名贵木材，由设计师精心打磨，取谐音"无饰"以寓意"平安无事"。这样的小物最适合带回家送给家人，作为旅行中的纪念与祝福。

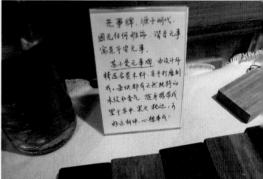

1 |
---|---
2 | 3

1. 一屋子的精致瓷器　　2. 自家的私房甜食　　3. 这个名字特别的手信适合带回家

　　店主是个安静的女子，每日坐在店里忙着手上的活，沉默不语。于是苏小曼杂货带给人一种祥和的感觉，时光仿佛变慢了。那些小木牌象征的不仅仅是"平安无事"，还有"若无闲事挂心头，便是人间好时节"的情境。

📍 店铺资讯

地　　址：厦门市思明区鼓浪屿内厝澳路343号

电　　话：15160029598

特色推荐：无事牌、自制书签

杨氏杂货
——不能错过的酸梅汤

夜晚时分的内厝澳码头有几分寂寥，它远离了热闹的老码头，在岛上僻静的角落里沉默，唯有天上的月亮与地下淡淡的灯光陪伴。

住在这附近的旅人，大多都聚集在客栈或是饭店内，而室外的街道极少有人，逛街的都往内厝澳路集中。杨氏杂货就在内厝澳路上，挤在一排小餐馆里，清新自然的外观格外引人注目。在这样的氛围里，它不必卖什么珍奇的物件，一点点的文艺范儿便能打动偶然推门而入的旅人。

◆ 店铺特色

- ◆ 夜晚的内厝澳路上很值得逛逛的小店
- ◆ 可以淘到价格便宜的小物
- ◆ 招牌酸梅汤一定不要错过
- ◆ 店主老太太很温和

不经意间的优雅

内厝澳路上大多只是一些餐馆，杨氏杂货立在其中便非常醒目。它的主人其实是本岛的一位老太太，却不想成为这条街上最文艺的小店。

白色的墙与白色的门窗，在嘈杂的小路上像是一朵盛开的白玫瑰。顶上的招牌却是一块褐色的木板，添了几分中式的古朴。

我其实是被它放在街边的摊子吸引过来的，摊子上除了放置一堆杂物外，还有一个红色的红茶桶，旁边写着"杨氏酸梅汤"的字样，介绍他家的酸梅汤是鼓浪屿上普通家庭老妈熬制的古早味。

灯光下的魔法

杨氏杂货很小，站在门口一眼便能看到全貌。外面的小路有几分昏暗，显得店铺里

1 | 2 / 3 | 4　　1. 虽然都是一些小东西，却为生活增添了不一样的色彩　2. 憨态可掬的一家子
3. 还可以连杯子一起买走　　4. 欧式风的调料罐

的灯特别明亮，像有魔力一般在夜色里让人情不自禁地想要靠近。门口挂着一个木头邮箱，下方吊着一个小花瓶，里面长出鲜嫩的绿叶来。花瓶下有个铁篮子，里面塞着两个一模一样的吉卜赛娃娃。娃娃的脸有点黑，头发乱糟糟的，凌乱并美丽着。

　　吸引我的除了各种琳琅满目的小物外，还有挂在阁楼边沿上的几幅中式字画。字画给杨氏杂货增添了几分典雅气质，与各种并不稀奇的小物混杂一室，有着一种令人温暖的、朴素的人文情怀。

温暖的酸梅汤

　　店主是一位和蔼可亲的老太太，没有客人时她静静地在店中忙活自己的事，一脸安详。有客人进来，她会微笑，让人感到温暖又轻松。她告诉我她做酸梅汤花了许多心

思，颗颗挑选梅子，用最古老的方法来熬制，是最家常的味道。

天气有些冷，我拿不定主意酸梅汤是要热的好还是冰的好，便询问店主太太的意见，她认真想了想，说冰的味道更好。于是我在寒冷的冬夜里买了一杯冰的酸梅汤，却从这酸酸甜甜的味道中喝出了家的暖意。

📍 店铺资讯

地　　址：厦门市思明区鼓浪屿内厝澳路275号
特色推荐：杨氏酸梅汤

斯利美甜品
—— 一个名字，三座城市

我和斯利美很有缘，从厦门到三亚，从三亚到成都，又从成都回到厦门，一次又一次的相逢。每一次，它都给我不同的触动、不同的思绪。

春节期间在曾厝垵看到它时，它已关门放假。原本以为这次应该会错过了，却不想兜兜转转在鼓浪屿上再次遇到。坐在临海的落地窗旁看潮起潮落，诸多的感悟涌上心头，那些年属于青春的时光，都如梦幻泡影般浮现在眼前。那些年关于斯利美的记忆，

◆ 饮品店特色

◆ 临海的漂亮玻璃屋
◆ 老字号的厦门甜品店
◆ 一个人面朝大海，静待春暖花开
◆ 不能不尝招牌芋头冰

缘起

每到一个城市旅行，我更喜欢去当地居民住的市区走走，感受属于这个地方特有的人文气息。如果只去那些为游人规划好的地区，感觉像是一场戏，而非真正走入了这个城市的生活之中。

第一次偶遇斯利美是多年前初到厦门时。我很幸运地走进了斯利美的总店，它坐落在一条普普通通的街道上，街边有整齐的大树，宁静祥和。附近很少有游客来，总店面积不大，上下两层，阁楼上挤满了当地的中学生，叽叽喳喳很热闹。那时是初夏，厦门的天气已经很炎热，阳光的热量似乎要将人蒸发。当一大盘花生芋头冰端上来时，那种发自灵魂深处的喜悦感，让我一直都无法忘怀。

那时，斯利美用的应该是酒鬼花生，混杂在自家秘制的芋头里，好吃得令人咂舌。

厦门老字号的口感保证

之后的几天，我几乎天天去斯利美报到，既是迷恋上那种美味，又是迷恋上那小小一家本土甜品店里的古早气息。店里几乎每天都被背着书包的学生占满，偶尔也会有穿得很时尚的年轻人前来。这里既热闹活泼又散发着老店的淡淡悠然，充满了南国风情的人文韵味。

　　夏天时去斯利美最好，仿佛童年时夏日的午后，中午放学时背着书包路过最爱的甜品店的感受。阳光火辣辣地晒在身上，甜品店里冷气飕飕，大口吃着冰凉的甜品，青春岁月就是这么简单却美好。

　　那一次我离开厦门时，将斯利美的名字记录在了我的美食笔记本里厦门的第一位，也刻画在了我记忆中的美好拼图里。

再遇

　　再次遇到斯利美是在三亚，冬季里的三亚也有几分闷热，在市区的街头逛了几圈后，便迫不及待地想要找一个吃冰品的地方。那两天试了几家甜品店，都不算很满意，直到坐车路过市中心路段时，惊讶地发现了一家很不起眼的斯利美。

　　那一刻的惊喜真难以形容，像是遇到了多年不见的老朋友，样子有点陌生了，但一

从这里面朝大海

You make my heart smile

来自五湖四海的留言帖

开口，便那么熟悉。我迫不及待地在那个傍晚走进了斯利美，花生芋头冰和招牌杧果冰都爱不释手。不同的城市，同样的南国人文。在炎热的天气里，一口地道的冰，像是融化了整片阳光。

后来成都也开了一家斯利美，在一座高级小区的楼下，租金昂贵。我兴致勃勃地和朋友们前去捧场，整个夏天，几乎都是在那里度过的。可惜的是，成都的天气并不适合一家冰品店以如此高昂的租金生存，这家斯利美并没有开多久，便结束了运营，给我留下了深深的遗憾。

这一次再到厦门，由于带着任务前去，又正逢春节，没有机会再去斯利美的老店。在曾厝垵的那几天，我看到了斯利美的分店，但放了假，一直没有开门。我以为这一次或许会与它错过，不过想想正逢冬季，也就十分释然。却不想到鼓浪屿的第二天，沿着鼓声路的海岸线一路闲逛，一眼便看到了那座漂亮的玻璃小屋上熟悉的三个字——斯利美。

原来有缘终会相遇，绕了一个大弯，你还是在那里。

机缘

离开内厝澳码头不远便会走上鼓声路，一路沿着大海和沙滩前行，风景如画。悠闲惬意地穿过鼓声洞，便会看到路的拐角处有一座两层楼的玻璃小屋。楼上是咖啡馆，楼下是斯利美。落地窗上贴着大份杧果冰的贴图，让人垂涎欲滴。那天有些冷，海风灌进脖子，让行人的步伐都加快了，并不算是吃冰的好天气，但我依然没有控制住对斯利美的想念，信步走了进去。

这家斯利美不算大，有两个临窗的位子，和一排白色的可以看海的长桌。鹅黄色的墙上贴满了旅人的留言，每个人都写上几句话，记录那一天、那一刻的光阴。由于是在游客集中的鼓浪屿，再加上是冬季，这家斯利美的冰品比总店少了很多，那时也不是吃杧果的季节，于是我嘱咐店员给我上了牛奶芋头冰。

最喜欢那一排长桌，可以一个人静静地在角落里看窗外的世界。寂静的鼓声路，偶尔经过的行人，天上有鸟飞过，海水一波又一波打上沙滩。鼓声洞里有一位流浪艺人在吹箫，是《红楼梦》里的曲子，让人思绪万千。

那天海上有雾，对面的厦门岛模模糊糊只看得到苍白的轮廓，添了几分朦胧的意境之美，像是一幅刚完成的油画。我喜欢这种一个人看海的时光，隔着一层透明的玻璃，寒冷的海风被阻隔在室外，而我的视野里依然只有大海与乱石，四周仿佛都寂静下来，独自品味天地之间的美，坐忘无我。

鼓浪屿上的这家斯利美的味道是否如记忆中的老店那般，我已经记不起来，我只知道能够在这样的风景里坐在斯利美的长椅上，吃上怀念已久的芋头冰，这份机缘便值得珍惜。

透过落地窗看到的风景

📍 饮品店资讯

地　　址：厦门市思明区鼓浪屿鼓声路鼓声洞外

人均消费：30元

特色推荐：芋头冰、杧果冰

后记
AFTERWORD

　　最近研读《圆觉经》，佛说"世间种种，皆是空花"。那些让我们迷恋的美好事物，终究只是一场美梦，如露亦如电。倘若如此，旅行想必是这空花中最迷人芬芳的一朵，让我们无数次背起行囊，远走他乡。或许这便是寂寥的空幻中最浪漫的安慰，告诉自己，"这个世界不只有眼前的苟且，还有诗与远方"。

　　做一个厦门人是幸福的。他们拥有"诗和远方"，拥有古老的红砖墙和文艺的鼓浪屿，拥有那么美的大学和那么美的书店。可是厦门人说，不，本岛的房价太高。看，丰满的梦想与骨感的现实总是如此鲜明。那换种说法吧，做一个厦门的过客，是幸福的。只是过客，不是归人，便可以在生命中的某段时光里，短暂地拥有碧海蓝天。住在曾厝垵的美丽客栈里，拉开窗帘，看小巷里的繁华市井相；吃着喜堂小愿里精致的茶泡饭；在优雅不在书店里泡上整整一日不必出门，从清晨到日落，与书香为伴；还可以在热闹的第八菜市场里寻找那栋优雅复古的阿吉仔大楼，从一楼到顶层，逐级体会不同意境，如同路过人生百态；到鼓浪屿上找班沙客的老板，先一口干掉他特制的招牌奶茶，再逼他给你调一杯"孟婆汤"，忘却前世今生种种烦恼……

　　原来用一个月的时间路过厦门，便如同路过了天堂。只是路过便好，不必留恋，不必执着，无所住无所依，便是人间最美时节。恍惚间领悟了某种禅意，原来我们的生命也只是一场短暂的旅行，你若执着，便成了"眼前的苟且"，你若放下，处处都是"诗与远方"。

　　厦门像一个成人世界里的童话，它给你最美的风景，几乎将人世间最美好的事物都聚拢在这座南方小城里，却不打算让你留下。只让你带着这份天堂般的记忆离开，从此相隔千里，"相濡以沫不如相忘于江湖"。每当你在日常生活中偶尔想到它，便会露出会心的微笑，如同想起一个远方的朋友，不必常联系，思念却挂心。

　　留在厦门不是一件容易的事，感谢每一个在这场旅途中照顾过我的"厦门人"，在我关于厦门最美好的记忆里，永远都有你们的影子。我懂得，一场短暂的生命交集里聚合了多少的因缘，于是分外珍惜。再见了，记忆中宁静的小渔村！你好，全新的文艺厦门！

小　爱